dtv

China, das Reich der Mitte, steht für schier unermessliche Dimensionen, sowohl was die Größe des Landes angeht, als auch die Zahl der Menschen, die dort leben. Es erstreckt sich über mehrere Zeit- und Klimazonen, die Bewohner Nordchinas unterscheiden sich stark von denen des Südens – und doch gibt es Dinge, die typisch chinesisch sind. Einiges davon findet sich in diesem zweisprachigen Buch, das in einer bunten Folge Eindrücke von Land und Leuten, Gewohnheiten und Vorlieben, Sitten und Bräuchen, Festen und Feiern vermittelt. Die Geschichten bieten einfache Lektüre und Einblicke in eine fremde Kultur. Und fehlt einmal ein Wort, hilft zum Verständnis ein Blick in die deutsche Übersetzung.

Susanne Hornfeck ist Germanistin und Sinologin, Autorin und Übersetzerin. Fünf Jahre lebte und lehrte sie in Taipeh.
Nelly Ma, aufgewachsen in Peking, lehrte Jahre lang an der Universität Passau. Heute arbeitet sie als freie Dolmetscherin und Übersetzerin für Chinesisch.
He Gende ist Maler und Graphiker und lebt in der Nähe von München. Während eines mehrjährigen Chinaaufenthalts hat der gebürtige Deutsche diesen chinesischen Namen erhalten.

中国花絮

China in kleinen Geschichten

von Susanne Hornfeck und Nelly Ma

Illustrationen
von He Gende

Deutscher Taschenbuch Verlag

dtv zweisprachig

Von Susanne Hornfeck und Nelly Ma
ist ebenfalls in der Reihe dtv zweisprachig erschienen:
Erste chinesische Lesestücke (9490)

FSC
www.fsc.org
MIX
Papier aus verantwortungsvollen Quellen
FSC® C013736

Originalausgabe 2013
Deutscher Taschenbuch Verlag GmbH & Co. KG,
München
Umschlagkonzept: Balk & Brumshagen
Umschlagbild: He Gende
Satz: Greiner & Reichel, Köln
Druck und Bindung: Kösel, Krugzell
Gedruckt auf säurefreiem, chlorfrei gebleichtem Papier
Printed in Germany · ISBN 978-3-423-09512-9

shǒu zhǐ shù zì

手指数字 · Fingerzahlen

yī
一
1

èr
二
2

sān
三
3

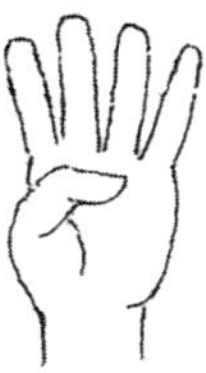

sì
四
4

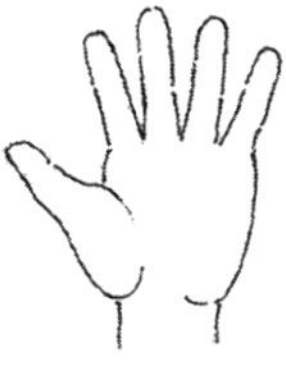

wǔ
五
5

liù
六
6

qī
七
7

bā
八
8

jiǔ
九
9

shí
十
10

chángjiāng yǔ huáng hé
长江与黄河

zài dì túshàngzhōngguóxiàng yì zhī dà gōng jī miànxiàng
在地图上中国像一只大公鸡，面向

dōng fāng zhè zhī gōng jī de miàn jī yuē yǒu jiǔbǎiliùshí wàn
东方。这只公鸡的面积约有960万

píng fāng gōng lǐ dōng xī cháng wǔqiānèrbǎi gōng lǐ nán běi
平方公里，东西长5200公里，南北

cháng wǔqiānwǔbǎi gōnglǐ chà bu duō hé ōu zhōu yí yàng
长5500公里，差不多和欧洲一样

dà zhōngguó de dì xíng cóng xī xiàngdōngyuè lái yuè dī
大。中国的地形从西向东越来越低，

duì cǐ zhōng guó rén yòng yí ge hěnshēngdòng de shén huà
对此中国人用一个很生动的神话

gù shi lái jiě shì chuánshuō kāi tiān pì dì yǐ hòu
故事来解释：传说开天辟地以后，

yǒu liǎng ge bù luò shǒu lǐng zhēng duóhuángwèi qí zhōng yí
有两个部落首领争夺皇位。其中一

ge de tóu pèng duàn le qíng tiān de zhù zi bù zhōu shān
个的头碰断了擎天的柱子不周山，

tiān dì jiù qīng xié le jié guǒ shì cóng cǐ guó nèi
天地就倾斜了。结果是，从此国内

jī hū suǒ yǒu de hé liú dōu cóng xī xiàng dōng liú zhōng
几乎所有的河流都从西向东流。中

Langer Fluss und Gelber Fluss

Auf der Landkarte sieht China wie ein großer Hahn aus, der nach Osten blickt. Dieser Hahn hat eine Fläche von circa 9,6 Millionen Quadratkilometern. Von West nach Ost sind es 5200 Kilometer, von Nord nach Süd 5500 Kilometer. Damit ist China fast so groß wie Europa. Die chinesische Topographie fällt von West nach Ost kontinuierlich ab. Dafür haben die Chinesen eine sehr anschauliche mythologische Erklärung: Der Sage nach stritten sich nach Erschaffung der Welt zwei Stammesfürsten um die Vorherrschaft. Einer der beiden stieß mit dem Kopf gegen die Himmelssäule Buzhoushan, die einknickte, worauf Himmel und Erde in Schieflage gerieten. Seither fließen fast alle

guó zuì cháng de liǎng tiáo hé yě shì zhè yàng tā men dōu
国最长的两条河也是这样，它们都

fā yuán yú qīng zàng gāo yuán bìng héng chuān quán guó xiàng
发源于青藏高原，并横穿全国，向

dōng liú xiàng dà hǎi
东流向大海。

chángjiāng
长江

wǒ zhù chángjiāng tóu
我住长江头，

jūn zhù cháng jiāng wěi
君住长江尾。

rì rì sī jūn bú jiàn jūn
日日思君不见君，

gòng yǐn cháng jiāng shuǐ
共饮长江水。

Lǐ Zhī yí yīlíngsānbā dào yīyīyīqī
李之仪（1038—1117）

chángjiāng yě jiào yáng zǐ jiāng cháng liù qiān sān bǎi gōng lǐ shì
长江也叫扬子江，长6300公里，是

zhōngguó dì yī dà hé yě shì quán guó zuì zhòng yào de
中国第一大河，也是全国最重要的

Flüsse des Landes von West nach Ost. Dies gilt auch für die zwei längsten Flüsse, die beide auf dem Qinghai-Tibet-Plateau entspringen, das ganze Land durchqueren und im Osten ins Meer münden.

Der Lange Fluss

Ich wohne am Kopf des Langen Flusses,
Du wohnst am Schwanz des Langen Flusses.
Täglich sehne ich dich herbei, ohne dich zu sehen,
Beide trinken wir Wasser aus dem Langen Fluss.

Li Zhiyi (1038–1117)

Der Lange Fluss wird auch Yangzi genannt. Mit seinen 6300 Kilometern ist er der längste Fluss Chinas und zugleich die

shuǐ shàng yùn shū mìng mài yán àn yǒu míng de dà chéng
水上运输命脉。沿岸有名的大城

shì yǒu chóngqìng wǔ hàn nán jīng shàng hǎi
市有：重庆，武汉，南京，上海。

chángjiāng yán àn de fēng jǐng biàn huà duō duān zhè duì
长江沿岸的风景变化多端，这对

lǚ yóu zhě lái shuō hěn yǒu xī yǐn lì tè bié shì
旅游者来说很有吸引力，特别是

chángjiāng jī liú tōng guò de yí ge jiào sān xiá de
长江激流通过的一个叫三峡的

hěn xiá zhǎi de guān kǒu zhè ge jǐng diǎn jīn tiān yǐ
很狭窄的关口。这个景点今天已

jīng xiāo shī le wèi le fā diàn zài sān xiá jiàn lì
经消失了。为了发电，在三峡建立

le jù dà de sān xiá dà bà gōngchéng dàn tóng shí
了巨大的三峡大坝工程，但同时

hěn duō dāng dì jū mín bèi qiān yí wén huà gǔ jì
很多当地居民被迁移，文化古迹

bèi yān mò dà bà tóng shí yě shì wèi le fáng zhǐ
被淹没。大坝同时也是为了防止

měi nián fā shēng de hóng shuǐ fàn làn ér jiàn de dàn
每年发生的洪水泛滥而建的，但

huán bǎo rén shì tí chū le jǐng gào zhè ge rén wéi
环保人士提出了警告，这个人为

wichtigste Wasserstraße des Landes. Die bedeutendsten Großstädte an seinen Ufern sind: Chongqing, Wuhan, Nanjing und Shanghai.

Wegen der vielfältigen Landschaften an seinen Ufern ist er auch für Touristen attraktiv, vor allem dort, wo sich seine Wassermassen durch das enge Nadelöhr der Drei Schluchten zwängen. Doch diese Sehenswürdigkeit gibt es inzwischen nicht mehr. Um Elektrizität zu gewinnen, hat man den Drei-Schluchten-Staudamm errichtet, ein gigantisches Bauprojekt, für das sehr viele Flussanwohner umgesiedelt und Kulturgüter geflutet werden mussten. Der Staudamm soll außerdem die alljährlichen Überschwemmungen eindämmen, aber Umweltschützer warnen vor den

de gōngchénghuì duì zì rán huán jìng chǎnshēng fù miàn de
的工程会对自然环境产生负面的

zuò yòng
作用。

chángjiāngyóu qí yě shì zhōngguó qì hòu yǔ wénhuà de
长江尤其也是中国气候与文化的

fēn jiè xiàn bǎ zhōngguó fēn wéi nán fāng hé běi fāng
分界线，把中国分为南方和北方。

nán fāng rén hé běi fāng rén shì hěn bù tóng de nán
南方人和北方人是很不同的：南

fāng rén gè zi xiǎo qiǎo líng huó jī mǐn shì yǔ
方人个子小巧，灵活，机敏，是与

shēng jù lái de shāng rén jiǎng jiū shēng huó zhì liàng tā
生俱来的商人，讲究生活质量。他

men chángcháng bú dà kàn de shàng nà xiē yǒu nóngmín qì
们常常不大看得上那些有农民气

zhì de běi fāng rén gāo dà qiáng zhuàng de běi fāng rén
质的北方人。高大强壮的北方人

wèi le shì yìng hán lěng de qì hòu zài rén men xīn
为了适应寒冷的气候，在人们心

zhōng de xíng xiàng wǎng wǎng shì dà wǎn hē jiǔ dà kuài
中的形象往往是“大碗喝酒，大块

chī ròu
吃肉。”

ökologischen Folgen dieses menschlichen Eingriffs in die Natur.

Vor allem aber ist der Yangzi eine klimatische und kulturelle Grenzlinie, die den Süden vom Norden trennt. Die Bewohner dieser beiden Landesteile sind sehr verschieden: Südchinesen sind klein und zierlich, wendig und lebhaft, sie sind geborene Händler und legen Wert auf Lebensqualität. Auf ihre bäuerlichen Landsleute im Norden sehen sie nicht selten herab. Diese großen und kräftig gebauten Menschen müssen dem rauen nordchinesischen Klima standhalten, weshalb man ihnen nachsagt, dass sie «Wein aus großen Schalen trinken und Fleisch in großen Brocken verzehren».

huáng hé

黄河

méi wén huà de běi fāng rén zhǐ shì zài nán fāng rén de
“没文化”的北方人只是在南方人的

yǎn zhōng rú cǐ shí jì shang zhōng guó cháng wǔ qiān sì bǎi liù shí sì
眼中如此。实际上中国长5464

gōng lǐ de dì èr tiáo dà hé huáng hé liú yù
公里的第二条大河——黄河流域

de huáng tǔ gāo yuán shì zhōng huá mín zú de yáo lán zhōng
的黄土高原是中华民族的摇篮。中

guó zuì zǎo de rén lèi hé gōng yuán qián èr shí yī shì jì de
国最早的人类和公元前21世纪的

cūn luò yí zhǐ jiù shì zài hé tào dì qū de lán tián
村落遗址就是在河套地区的蓝田

zhǎo dào de
找到的。

Der Gelbe Fluss

«Unkultiviert» ist der Norden allerdings nur aus Sicht des Südens. Tatsächlich stellt die Lösshochebene am Huanghe – der mit seinen 5464 Kilometern der zweitlängste Fluss Chinas ist – die Wiege der chinesischen Zivilisation dar. In der Flussschleife des Huanghe, in Lantian, wurden Knochen und Überreste der ältesten chinesischen Siedlungen ausgegraben, die bis ins 21. vorchristliche Jahrhundert zurückgehen.

chuánshuōzhōngzhōngguórénde dì yī ge dì wáng jiào huáng
传说中中国人的第一个帝王叫“黄

dì zhōngguó rén zì chēng yánhuáng zǐ sūn huáng
帝”，中国人自称“炎黄子孙”。黄

sè duì tā men lái shuō yì zhí shì yì zhǒng tè shū de
色对他们来说一直是一种特殊的

yán sè xiàngzhēnghuángdì de quán lì dàn shì xī fāng
颜色，象征皇帝的权力。但是西方

rén yì zhí bǎ huáng sè tóng wēi xié lián xì qǐ lái zài
人一直把黄色同威胁联系起来。在

zhí mín shí dài hé lěng zhàn shí qī huáng huò bèi kàn
殖民时代和冷战时期，“黄祸”被看

zuò dí duì shì lì jīn tiān xī fāng rén zhì duō hái dān
作敌对势力。今天西方人至多还担

xīn zhōngguó zuò wéi jīng jì qiángguó de jìngzhēng
心中国作为经济强国的竞争。

Nicht umsonst sehen sich die Chinesen als Nachkommen des legendären «Gelben Kaisers». Gelb war für sie immer eine besondere Farbe, die kaiserliche Macht symbolisiert. Im Westen hat man sie hingegen mit Bedrohung in Verbindung gebracht. Während des Kolonialismus und im Kalten Krieg wurde die «Gelbe Gefahr» als Feindbild stilisiert. Heute fürchtet man sich im Westen allenfalls noch vor China als konkurrierender Wirtschaftsmacht.

chángchéng
长城

jù shuō chángchéng shì shì jiè shàng wéi yī kě yǐ cóng tài
据说长城是世界上唯一可以从太

kōng zhōng kàn dào de jiàn zhù kě xī zhè bìng bú zhèng
空中看到的建筑，可惜这并不正

què dàn tā kěn dìng shì shì jiè shàng xiū jiàn shí jiān zuì
确。但它肯定是世界上修建时间最

cháng gōng chéng zuì dà de biān jiāng fáng yù gōng chéng
长，工程最大的边疆防御工程。

qín shǐ huáng tǒng yī zhōng guó hòu zhēng jí le jǐ shí wàn
秦始皇统一中国后，征集了几十万

mín fū jiāng yǐ yǒu de chéng qiáng duàn luò lián chéng yì
民夫，将已有的城墙段落连成一

tǐ xiū chéng le jǔ shì wén míng de wàn lǐ cháng
体，修成了举世闻名的“万里长

chéng zhǔ yào yòng lái fáng yù běi fāng yóu mù mín zú
城”，主要用来防御北方游牧民族

de qīn xí zhí dào míng dài xiū jiàn cháng chéng de gōng
的侵袭。直到明代，修建长城的工

chéng yì zhí dōu méi yǒu tíng zhǐ guò
程一直都没有停止过。

cháng chéng dà yuē cháng liù qiān gōng lǐ cóng xī bù gān
长城大约长6000公里，从西部甘

Die Große Mauer

Angeblich ist die Große Mauer das einzige Bauwerk, das vom Weltall aus zu sehen ist. Das stimmt leider nicht. Zweifellos aber ist sie die größte Grenzbefestigung der Erde und das Bauwerk mit der längsten Bauzeit.

Nachdem Qin Shihuang (259–210 v. Chr.) das Reich geeint hatte, ließ er durch Zehntausende von Arbeitern bereits existierende Befestigungsanlagen zu einer durchgehenden «zehntausend Li langen Mauer» verbinden. Sie diente der Abwehr von Nomadeneinfällen aus dem Norden und wurde bis in die Ming-Zeit (1368–1644) kontinuierlich erweitert.

Mit ihren gut 6000 Kilometern reicht sie von Jiayuguan in der

sù shěng de jiā yù guān qǐ zhí dào dōng bù yán hǎi
肃省的嘉峪关起，直到东部沿海

de shān hǎi guān zhǐ chángchéngwānyán zài shān jǐ shàng
的山海关止。长城蜿蜒在山脊上，

suǒ yǐ chángcháng bèi bǐ zuò yì tiáo lóng chéngqiánggāo
所以常常被比作一条龙。城墙高

qī dào bā mǐ kuān sì dào wǔ mǐ měi èr diǎn wǔ
七到八米，宽四到五米，每二点五

gōng lǐ dào wǔ gōng lǐ yǒu yí ge fēng huǒ tái dí rén
公里到五公里有一个烽火台。敌人

jìn fàn shí zài fēng huǒ tái shàng jiù huì diǎn qǐ láng
进犯时，在烽火台上就会点起狼

yān bái tiān shāo láng fèn shēng qǐ de shì hēi yān
烟：白天烧狼粪，升起的是黑烟；

yè jiān shāo chái cǎo shēng qǐ de shì huǒ guāng zhè yàng
夜间烧柴草，升起的是火光。这样，

xìn hào jiù kě yǐ zài yì tiān zhī nèi cóng yáo yuǎn de
信号就可以在一天之内从遥远的

xī bù chuán dào jīng chéng
西部传到京城。

chángchéngbúdàn yǒu zhe jūn shì shàng de yì yì duì zhōng
长城不但有着军事上的意义，对中

guó rén lái shuō yě shì wén míng de běn tǔ yǔ yě mán
国人来说，也是文明的本土与野蛮

Provinz Gansu im Westen bis nach Shanhaiguan an der Ostküste. Sie schlängelt sich über den Höhenkamm der Bergrücken, weshalb sie oft mit einem Drachen verglichen wurde. Die Mauer ist sieben bis acht Meter hoch, vier bis fünf Meter breit und alle zweieinhalb bis fünf Kilometer mit Signaltürmen versehen. Bei feindlichen Angriffen wurden dort Rauchzeichen gegeben: Tagsüber hat man Wolfskot verbrannt, der schwarzen Rauch produzierte; nachts wurde Brennholz angezündet, um Licht zu erzeugen. So konnte die Nachricht aus dem fernen Westen innerhalb eines Tages bis in die Hauptstadt gelangen.

Die Große Mauer war aber nicht nur von militärischer Bedeutung. Aus Sicht der Chinesen bildet sie die Grenze zwischen dem zivi-

de fān bāng de fēn jiè xiàn chú cǐ yǐ wài tā hái
的番邦的分界线。除此以外，它还

shì qì hòu de fēn shuǐ lǐng ne
是气候的分水岭呢。

zhōngguórén shuō qǐ chángchéng zǒng huì qíng bú zì jìn de
中国人说起长城，总会情不自禁地

xiǎng qǐ wèi xiū zhù chángchéng ér xī shēng de mín gōng zuì
想起为修筑长城而牺牲的民工，最

yǒu míng de shì mèng jiāng nǚ de gù shi mèng jiāng nǚ xīn
有名的是孟姜女的故事。孟姜女新

hūn cái sān tiān de shí hou tā de zhàng fu jiù bèi qiǎng
婚才三天的时候，她的丈夫就被强

pò qù běi fāng fú láo yì le bù jiǔ tā jiù yīn wèi
迫去北方服劳役了。不久，他就因为

jī hán láo lèi ér sǐ qù tā de qī zi shēn bēi zhe
饥寒劳累而死去。他的妻子身背着

hán yī wàn lǐ xún fū lái dào chángchéng biān děng dài
寒衣，万里寻夫来到长城边，等待

tā de què shì zhàng fu yǐ jīng sǐ qù de è hào tā
她的却是丈夫已经死去的噩耗。她

zài chángchéng jiǎo xià tòng kū le sān tiān sān yè zhí dào
在长城脚下痛哭了三天三夜，直到

chángchéng bēng tā zhàng fu de shī tǐ lòu chū lái wéi zhǐ
长城崩塌，丈夫的尸体露出来为止。

lisierten Kernland und den barbarischen Vasallenstaaten. Erstaunlicherweise markiert sie auch eine Klimagrenze. Wenn Chinesen von der Großen Mauer sprechen, denken sie unwillkürlich an die vielen Menschenleben, die sie gefordert hat. Die berühmteste Geschichte ist die des Mädchens Meng Jiang. Sie war gerade drei Tage verheiratet, als ihr Mann zur Fronarbeit in den Norden geschickt wurde. Bald darauf starb er an Hunger, Kälte und Erschöpfung. Unterdessen legte seine Frau zehntausend Meilen zurück, um ihrem Mann Winterkleidung zu bringen. Als sie dort ankam, wartete jedoch die Todesnachricht auf sie. Am Fuß der Mauer weinte sie drei Tage und drei Nächte lang, bis die Mauer in sich zusammenstürzte und den Leichnam ihres Mannes freigab.

jīn tiān yóu kè kě yǐ cān guān mèng jiāng nǚ liú xià de
今天游客可以参观孟姜女留下的

jiǎo yìn kàn kan fēng yōng qù cháng chéng lǚ yóu de rén
脚印。看看蜂拥去长城旅游的人

men kě yǐ xiāng xìn zhōng guó rén duì dài bú dào
们，可以相信，中国人对待“不到

cháng chéng fēi hǎo hàn zhè ge chéng yǔ shì fēi cháng rèn
长城非好汉”这个成语是非常认

zhēn de
真的。

Heutzutage können Touristen die Fußspuren besichtigen, die Meng Jiang hinterlassen hat. Wenn man die Touristenströme sieht, die sich täglich zur Mauer wälzen, so hat man den Eindruck, dass sie das Sprichwort sehr ernst nehmen, das besagt: «Wer nie an der Großen Mauer war, ist kein ganzer Kerl.»

jū zhù

居住

suí zhe chéng shì de xiàn dài huà dà duō shù zhōng guó rén
随着城市的现代化，大多数中国人
dōu zhù jìn le gāo lóu yǐ qián bù tóng dì qū de
都住进了高楼。以前，不同地区的
chuán tǒng mín jū fēng gé yě bù tóng běi fāng yǒu sì
传统民居风格也不同。北方有四
hé yuàn sì jiān fáng zi wéi rào zhe yí ge fāng xíng de
合院，四间房子围绕着一个方形的
yuàn zi běi fáng zhù zhe fù mǔ liǎng biān de fáng zi
院子，北房住着父母，两边的房子
zhù zhe ér nǚ hé qīn qi nán miàn shì chū rù de dì
住着儿女和亲戚，南面是出入的地
fāng fēng bì de yuàn luò lǐ zhǒng mǎn le huā cǎo shù
方。封闭的院落里种满了花草树
mù gěi jiā tíng dài lái le qīng jìng hé ān quán zài
木，给家庭带来了清静和安全。在
zhōng xī bù liú xíng zài jiān yìng de huáng tǔ zhōng záo chū de
中西部流行在坚硬的黄土中凿出的
yáo dòng fú jiàn de kè jiā rén jiā zú zhù zài yuán xíng
窑洞。福建的客家人家族住在圆形
de tǔ lóu zhōng cháng cháng shì shàng bǎi rén zhù zài yì qǐ
的土楼中，常常是上百人住在一起。

Wohnen

Die Modernisierung der Städte hat auch in China dazu geführt, dass die Mehrzahl der Menschen in Hochhäusern lebt. Früher gab es in den verschiedenen Regionen unterschiedliche traditionelle Wohnformen. Im Norden findet man den typischen Vierseithof, vier Gebäude, die sich um einen rechteckigen Innenhof gruppieren. Im Nordflügel wohnen die Eltern; Kinder und Verwandte bewohnen die Seitenflügel; der Südflügel bildet den Eingangsbereich. Dieser abgeschlossene Wohnhof mit seinen Bäumen und Blumen gewährt der Familie Ruhe und Sicherheit. Im zentral- und westchinesischen Lössgebiet grub man Wohnhöhlen in den harten Lehm. In der Provinz Fujian wohnen Großfamilien der Hakka-Volksgruppe – oft über hundert Personen – gemein-

zhù zài tǔ lóu lǐ kě yǐ fáng yù tǔ fěi de qīn rǎo
住在土楼里可以防御土匪的侵扰。

xī běi bù de yóu mù mín zú guò zhe fàng mù de shēng
西北部的游牧民族过着放牧的生

huó suí zhe tā men de shēng chù jū zhù zài cǎo yuán
活，随着他们的牲畜居住在草原，

zhù zài zhàng peng lǐ
住在帐篷里。

zhōng guó rén xiāng xìn rén sǐ hòu jì xù huó zài yīn jiān
中国人相信人死后继续活在阴间，

suǒ yǐ jū suǒ bù zhǐ shì huó zhe de rén de shì yě
所以居所不只是活着的人的事，也

shè jí sǐ qù de rén wèi le ràng sǐ qù de rén guò
涉及死去的人。为了让死去的人过

de shū fu rén men huì tiāo xuǎn zì rán huán jìng hǎo de
得舒服，人们会挑选自然环境好的

dì diǎn jiàn zào mù dì zhè jiù shì hòu lái xíng chéng de
地点建造墓地。这就是后来形成的

fēng shuǐ xué fēng shuǐ xiàn zài yě yìng yòng zài xiàn dài jiàn
风水学。风水现在也应用在现代建

zhù shàng jiù lián hěn dà de gōng sī huò yín háng dōu zhù
筑上，就连很大的公司或银行都注

yì zhè ge guī lǜ yǐ bǎo zhèng cái yuán de chàng tōng
意这个规律，以保证财源的畅通。

sam in großen Rundhäusern, *tulou* genannt. Diese dienten auch dazu, sich vor den Übergriffen von Räubern zu schützen. Die nomadischen Völker des Nordwestens ziehen mit ihren Tieren über die Steppe und wohnen deshalb in Jurten.

Da die Chinesen an ein Leben nach dem Tod glauben, ist Wohnen nicht nur eine Angelegenheit der Lebenden, sondern auch der Toten. Damit es die Verstorbenen im Jenseits gemütlich haben, sollte man für die letzte Ruhestätte einen landschaftlich günstigen Ort wählen. Daraus entstand die Fengshui-Lehre, die inzwischen auch auf moderne Wohn- und Geschäftshäuser angewendet wird. Selbst große Unternehmen und Banken beachten diese Regeln, damit ihnen der Geldfluss nicht abreißt.

yǔ yán hé wén zì
语言和文字

zhōngguó yǒu duōzhǒngfāng yán dàn shì zhǐ yǒu yì zhǒng
中国有多种方言，但是只有一种
wén zì zhōngguó de qī zhǒng dà de fāng yán qū bié
文字。中国的七种大的方言区别
hěn dà jiù xiàng ōu zhōu de fǎ yǔ yì dà lì
很大，就像欧洲的法语、意大利
yǔ hé xī bān yá yǔ de qū bié yí yàng zhōngguó
语和西班牙语的区别一样。中国
de yǔ yán bèichēngwéi hàn yǔ yě chēng zhōng
的语言被称为“汉语”，也称“中
wén hàn yǔ shì shì jiè shàng shǐ yòng zuì duō de yǔ
文”。汉语是世界上使用最多的语
yán shì jiè rén kǒu de wǔ fēn zhī yī shǐ yònzhōng
言，世界人口的五分之一使用中
wén chú le zài zhōngguó dà lù hé tái wān yǐ wài
文。除了在中国大陆和台湾以外，
hái yǒu dōng nán yà yǔ xī fāng de huá qiáo yě shǐ yòng
还有东南亚与西方的华侨也使用
hàn yǔ
汉语。

xiàn dài hàn yǔ jiào pǔ tōng huà yě jiào guó
现代汉语叫“普通话”，也叫“国

Sprache und Schrift

In China gibt es mehrere Dialekte, aber alle benutzen die gleichen Schriftzeichen. Die sieben großen Dialektgruppen unterscheiden sich allerdings genauso voneinander, wie in Europa die Sprachen Französisch, Italienisch, Spanisch. Die chinesische Sprache wird *hanyu* (Sprache der Han) oder *zhongwen* (die Sprache Chinas) genannt. Chinesisch ist die am häufigsten gesprochene Sprache der Welt, ein Fünftel der Weltbevölkerung benutzt sie. Außer auf dem chinesischen Festland und in Taiwan wird Chinesisch auch von Auslandschinesen in Südostasien und dem Westen gesprochen.

Das moderne Chinesisch wird als *putonghua* (allgemeine

yǔ tā yǐ běi jīng huà wéi jī chǔ zài xī fāng
语”，它以北京话为基础，在西方

cháng bèi jiào zuò hàn yǔ shì
常被叫做“Mandarin”。汉语是

yí ge shēng diào yǔ yán pǔ tōng huà yǒu sì shēng měi
一个声调语言，普通话有四声，每

ge shēng diào dōu kě néng biǎo dá bù tóng de yì si
个声调都可能表达不同的意思。

bǐ fāng shuō tāng táng tǎng tàng qí tā fāng yán
比方说，汤，糖，躺，烫。其他方言

shèn zhì kě yǐ yǒu qī dào jiǔ shēng
甚至可以有七到九声。

duì ōu zhōu rén lái shuō zhōng wén yǔ fǎ dì yī yǎn
对欧洲人来说，中文语法第一眼

kàn shàng qù bǐ jiào jiǎn dān zhè shì yīn wèi zhōng wén
看上去比较简单。这是因为中文

shǔ yú lìng yí ge yǔ zhǒng zhè ge yǔ zhǒng bù xū
属于另一个语种，这个语种不需

yào guàn cí biàn gé hé shí tài suǒ yǐ cí huì de
要冠词、变格和时态，所以词汇的

wèi zhi yǔ gǎn hé shàng xià wén jiù gèng zhòng yào
位置、语感和上下文就更重要。

zhōng guó wén zì hǎo xiàng hěn shén mì zì de yì si
中国文字好像很神秘。字的意思

Sprache) oder *guoyu* (Nationalsprache) bezeichnet und basiert auf der Pekinger Aussprache. Im Westen wird es auch «Mandarin» genannt. Das Chinesische ist eine Tonsprache; *putonghua* besitzt vier Töne, die bedeutungsunterscheidend sein können. Je nach Ton kann zum Beispiel die Silbe *tang* «Suppe», «Zucker», «liegen» und «glühend heiß» bedeuten. Andere Dialekte haben bis zu sieben oder neun Töne.

Für den Westler sieht die chinesische Grammatik auf den ersten Blick vergleichsweise einfach aus. Das liegt daran, dass Chinesisch zu einem anderen Sprachtypus gehört, der ohne Artikel, Endungen und Tempussystem auskommt. Dafür sind Wortstellung, Sprachgefühl und Kontext in dieser Sprache umso wichtiger.

Die chinesischen Schriftzeichen wirken geheimnisvoll. Ihre

yǐn cáng zài yí ge yóu xǔ duō bǐ huà zǔ chéng de xiǎo
隐藏在一个由许多笔划组成的小

fāng kuài lǐ cóng zì miàn shàng bù néng kàn chū niàn fǎ
方块里，从字面上不能看出念法。

zài yí ge duō fāng yán de dà guó lǐ wén zì chéng
在一个多方言的大国里，文字成

le tǒng yī de jiāo liú gōng jù zhōng wén de yí ge
了统一的交流工具。中文的一个

zì děng yú yí ge yīn jié tóng shí dài biǎo yí ge
字等于一个音节，同时代表一个

yì si
意思。

zhōng wén yí gòng yǒu bāqiān dào yíwàn ge zì dàn
中文一共有8000到10000个字，但

shì bié pà rú guǒ nǐ rèn shi yìqiānwǔbǎi dào liǎngqiān
是别怕，如果你认识1500到2000

ge hàn zì jiù kě yǐ kàn zhōng wén bào zhǐ le
个汉字，就可以看中文报纸了。

chuán shuō shì gǔ dài de cāng jié chuàng zào le hàn zì
传说是古代的仓颉创造了汉字。

shí jì shàng hàn zì de fā zhǎn yuán yuǎn liú cháng zuì
实际上汉字的发展源远流长，最

zǎo de hàn zì kě yǐ zhuī sù dào gōng yuán qián sān qiān
早的汉字可以追溯到公元前三千

Bedeutung verbirgt sich hinter vielen kleinen, in einem Quadrat angeordneten Strichen, und auch die Aussprache lässt sich nicht einfach ablesen. Das allerdings macht sie in einem großen Land mit vielen unterschiedlichen Dialekten zu einem universalen Kommunikationsmittel. Ein chinesisches Zeichen entspricht einer Silbe und einer Bedeutung.

Insgesamt gibt es acht- bis zehntausend Schriftzeichen, aber keine Angst, fünfzehnhundert bis zweitausend reichen bereits aus, um eine Tageszeitung zu lesen.

Der Sage nach war es ein gewisser Cang Jie, der sie in grauer Vorzeit erfunden hat. In Wirklichkeit hat ihr langer Entwicklungsprozess im 3. vorchristlichen Jahrtausend mit Zeichen

nián yǐ qián kè zài guī jiǎ huò shòu gǔ shàng de jiǎ gǔ
年以前刻在龟甲或兽骨上的甲骨

wén zhè xiē xiàng xíng wén zì zhǔ yào shì yòng lái zhān
文，这些象形文字主要是用来占

bǔ de suí zhe shí jiān de tuī yí xiàng xíng wén zì
卜的。随着时间的推移，象形文字

yuè lái yuè chōu xiàng huà xiàn zài de hàn zì zhōng zhǐ
越来越抽象化，现在的汉字中只

yǒu bǎi fēn zhī shí hái bǎo liú le xiàng xíng lìng wài
有百分之十还保留了象形，另外

yǒu bǎi fēn zhī shí shì zhǐ shì zì bǐ rú shàng
有百分之十是指事字，比如“上”

hé xià qí yú de bǎi fēn zhī bā shí shì xíng
和“下”；其余的百分之八十是形

shēng zì
声字。

rú guǒ bù zhī dào yí ge zì zěn yàng fā yīn nà
如果不知道一个字怎样发音，那

me zěn yàng cái néng zài cí diǎn lǐ chá chū lái ne
么怎样才能在词典里查出来呢？

zhǐ néng yī kào piān páng hàn zì zhōng cháng cháng
只能依靠偏旁——汉字中常常

chū xiàn de mǒu ge zǔ chéng bù fen lái chá zhōng
出现的某个组成部分来查。中

begonnen, die man in Schildkrötenpanzer und Tierknochen geritzt und zu Orakelzwecken benutzt hat. Diese Piktogramme wurden im Lauf der Zeit immer abstrakter. Inzwischen haben nur noch etwa zehn Prozent der chinesischen Schriftzeichen die Bildhaftigkeit erhalten. Weitere zehn Prozent sind Symbole, wie etwa die Zeichen für «oben» und «unten». Die übrigen achtzig Prozent sind eine Kombination aus Sinnbestandteil und Lautbestandteil.

Wenn man nicht weiß, wie ein Schriftzeichen ausgesprochen wird, wie findet man es dann im Lexikon? Man muss sich an bestimmten, immer wieder vorkommenden Bestandteilen – den Radikalen – orientieren. Auch chinesische Kinder haben damit

guó de hái zi men hěn xīn kǔ yì zhí dào zhōng xué
国的孩子们很辛苦，一直到中学

bì yè tā men dōu yǒu xué bù wán de shēng zì hàn
毕业他们都有学不完的生字。汉

zì de bǐ huà kě yǐ dá dào sānshíliù huà bǐ rú
字的笔画可以达到36画，比如

wèi le shǐ rì cháng shū xiě gèng jiā
“齉”nàng。为了使日常书写更加

fāng biàn zhōng huá rén mín gòng hé guó zài wǔ shí nián
方便，中华人民共和国在五十年

dài shí xíng le hàn zì de jiǎn huà jiǎn shǎo le yì xiē
代实行了汉字的简化，减少了一些

hàn zì de bǐ huà jīn tiān wǒ men kě yǐ kàn dào
汉字的笔画 今天我们可以看到

fán tǐ zì hé jiǎn tǐ zì tóng shí cún zài lìng wài
繁体字和简体字同时存在。另外，

wèi le bāng zhù rén men gèng kuài de xué xí hàn yǔ zhōng
为了帮助人们更快地学习汉语，中

guó fā zhǎn le hàn yǔ pīn yīn jī chǔ shì guó jì
国发展了汉语拼音，基础是国际

yīn biāo
音标。

diàn nǎo fāng biàn le wǒ men de shēng huó dàn shì yě
电脑方便了我们的生活，但是也

ihre liebe Not. Bis zum Abschluss der Mittelschule (12. Klasse) müssen sie immer neue Schriftzeichen lernen. Manche Zeichen können aus bis zu sechsunddreißig Strichen bestehen, zum Beispiel das Verb «mit verstopfter Nase sprechen». Um das Schreiben im Alltag zu erleichtern, hat die Volksrepublik China in den 1950er Jahren eine Schriftreform durchgeführt, in der bei manchen Schriftzeichen die Anzahl der Striche reduziert wurde. Heute existieren Langzeichen und Kurzzeichen nebeneinander. Als Lernhilfe wurde in China außerdem die Lautschrift *hanyu pinyin* entwickelt, die auf der internationalen phonetischen Lautschrift basiert.

Der Computer vereinfacht heutzutage vieles, allerdings hat er

dǎo zhì rén men bú zài jī jí de xiě hàn zì ér
导致人们不再积极地写汉字，而

shì xiāo jí de qiāo dǎ jiàn pán yǐ zhì huì wàngdiào
是消极地敲打键盘，以至会忘掉

mǒu xiē zì shì zěn me xiě de hǎo kě xī ā
某些字是怎么写的。好可惜啊！

auch dazu geführt, dass die Leute nicht mehr aktiv schreiben, sondern nur noch tippen und kaum mehr wissen, wie die Schriftzeichen geschrieben werden – ein großer Verlust!

Das Schriftzeichen guī, «Schildkröte», in unterschiedlichen Schriftstilen.

bǎi jiā xìng
百家姓

zài zhōngguó nǐ huì hěn kuài fā xiàn hǎo xiàng suǒ yǒu
在中国，你会很快发现，好像所有

de rén dōu xìng wáng zhāng lǐ huò chén duì le zhōng
的人都姓王、张、李或陈。对了，中

guó rén de xìng bǐ dé guó rén shǎo de duō zhǐ yǒu qī
国人的姓比德国人少得多，只有七

bǎi duō ge zhōngguó rén de xìng yì bān zhǐ yǒu yí ge
百多个。中国人的姓一般只有一个

yīn jié yǒu dà yuē yì bǎi ge xìng shì zuì cháng yòng de
音节。有大约一百个姓是最常用的，

jiào bǎi jiā xìng bǎi fēn zhī bā shí de zhōngguó rén
叫“百家姓”。百分之八十的中国人

dōu xìng zhè yì bǎi duō ge xìng duì yú yǒu shí sān yì
都姓这一百多个姓，对于有十三亿

rén kǒu de zhōngguó lái shuō zhè bìng bù duō
人口的中国来说，这并不多。

yǔ wéi shù bù duō de xìng xiāng duì de shì duō yàng de
与为数不多的姓相对的是多样的

míng fù mǔ kě yǐ cóng suǒ yǒu de hàn yǔ cí huì
名。父母可以从所有的汉语词汇

zhōng gěi hái zi xuǎn zé lǐ xiǎng de míng zi míng zài
中给孩子选择理想的名字。名在

Die hundert Familiennamen

In China bekommt man rasch den Eindruck, alle hießen Wang, Zhang, Li oder Chen. Und so ist es auch. Es gibt im Chinesischen wesentlich weniger Familiennamen als im Deutschen, nur etwas mehr als siebenhundert, und sie sind in der Regel einsilbig. Ungefähr einhundert von ihnen, die am häufigsten gebrauchten, nennt man «die hundert Familiennamen» – achtzig Prozent der Bevölkerung benutzen sie. Für eine Gesamtbevölkerung von 1,3 Milliarden ist das in der Tat sehr wenig. Im Gegensatz zu den wenigen Familiennamen herrscht bei den Vornamen große Vielfalt. Die Eltern können aus dem gesamten Wortschatz der chinesischen Sprache den idealen Namen für ihr

xìng de hòu bian tōngchángyóu yí ge huò liǎng ge zì
姓的后边，通常由一个或两个字

zǔ chéng bǐ fāngshuō wángdōngshēngxìngwáng míng zi
组成。比方说，王冬生姓王，名字

jiào dōngshēng zhè ge míng zi gào su wǒ menshén me
叫冬生。这个名字告诉我们什么

ne wángdōngshēngshì zài dōng tiānshēng de dàn shì wáng
呢？王冬生是在冬天生的。但是王

dōngshēngshì nán de hái shì nǚ de wǒ men bìng bù
冬生是男的还是女的，我们并不

zhī dào
知道。

dāngrán dà duō shù nǚ hái zi de míng zi gēn huā
当然，大多数女孩子的名字跟花、

xiāngwèi bǎo shí hé qí tā měi lì de dōng xi yǒu
香味、宝石和其他美丽的东西有

guān tīng qǐ lái hěn làng màn yǒu shī yì nán hái de
关，听起来很浪漫，有诗意。男孩的

míng zi dà dōu yǔ yǒng qì lì liang yuǎn dà de qián
名字大都与勇气、力量、远大的前

chéngyǒuguān zài xìngmíngzhōngkě yǐ kàn chū yí ge jiā
程有关。在姓名中可以看出一个家

tíng de zhī shi bèi jǐng hé lái lì míng zi yě jiǎng jiu
庭的知识背景和来历。名字也讲究

Kind wählen. Der «Vor»name, der hinter dem Familiennamen steht, ist ein- oder zweisilbig. Wang Dongsheng zum Beispiel heißt mit Familiennamen Wang und mit Vornamen Dongsheng. Was verrät uns dieser Vorname? Wang Dongsheng ist im Winter geboren. Ob Dongsheng männlich oder weiblich ist, wissen wir allerdings nicht.

Die meisten Mädchennamen enthalten Bezeichnungen von Blumen, Düften, Edelsteinen oder anderen schönen Dingen, sie klingen poetisch und elegant. Namen für Jungen drücken hingegen Mut und Kraft aus oder deuten auf eine erfolgreiche Karriere hin. Auch der Bildungsgrad und die Herkunft der Familie spiegeln sich darin wider. Natürlich hat jede Zeit ihre Mode-

shí shàng zài máo zé dōng shí dài shí xīng jiào dà qiáo
时尚：在毛泽东时代，时兴叫大桥，

jiàn guó wèi dōng jīn tiān de fù mǔ gèng xǐ huan jiào
建国，卫东；今天的父母更喜欢叫

hái zi ní nà dà wèi zhè yàng de tīng qǐ lai hěn yáng
孩子尼娜、大卫这样的听起来很洋

qì de míng zi
气的名字。

dà duō shù hái zi zài jiā li yǒu xiǎo míng huò rǔ míng
大多数孩子在家里有小名或乳名，

tōng cháng shì míng zi de kě ài huà bǐ rú xiǎo míng
通常是名字的可爱化：比如小明

huò píng ping péng you huò tóng shì zhī jiān cháng cháng zài
或平平。朋友或同事之间常常在

xìng qián jiā lǎo huò xiǎo dàn shì lǎo wáng bù
姓前加“老”或“小”。但是老王不

yí dìng lǎo xiǎo lǐ yě bù yí dìng xiǎo zhè dōu shì
一定老，小李也不一定小，这都是

xiāng duì de shú rén zhī jiān shèn zhì fū qī zhī jiān
相对的。熟人之间，甚至夫妻之间

yě cháng cháng yǐ quán míng xiāng chēng hu nǐ néng xiǎng xiàng
也常常以全名相称呼。你能想象

ma zhōng guó yǒu míng de xiào xīng zhōu lì bō de tài
吗？中国有名的笑星周立波的太

namen: Unter Mao Zedong waren Namen wie Große Brücke, Landesaufbau oder Verteidigung des Ostens beliebt. Heute nennen die Leute ihre Kinder gern Nina oder Dawei, Namen also, die möglichst westlich klingen.

Innerhalb der Familie haben viele Kinder einen Kosenamen oder Milchnamen – meist die Verniedlichung des Vornamens, etwa Kleiner Ming oder Pingping. Unter Freunden oder Kollegen wird dem Familiennamen gern die Silbe «alt» oder «klein» vorangestellt. Das heißt jedoch nicht, dass Alter Wang wirklich alt, oder Kleiner Li wirklich klein ist; alles ist relativ. Im vertrauten Umgang, ja selbst unter Eheleuten, redet man sich oft mit dem vollständigen Namen an. Können Sie sich vorstellen,

tai huì duì tā de zhàng fu shuō zhōu lì bō gěi wǒ
太会对她的丈夫说：“周立波，给我

tuō xié
拖鞋！”

wǒ xìng zhōu jiào lì bō wǒ de péng you men
– *我姓周，叫立波。我的朋友们*

dōu jiào wǒ lǎo zhōu wǒ de xuéshēngjiào wǒ zhōu
都叫我老周。我的学生叫我周

lǎo shī zài jiā li mā ma zǒng jiào wǒ bō
老师。在家里，妈妈总叫我波

bō duì le xiàn zài wǒ de tài tai yě jiào
波。对了，现在我的太太也叫

wǒ bō bō le
我波波了。

bō bō wǒ de tuō xié zài nǎ li
– *波波！我的拖鞋在哪里？*

lái le lái le
– *来了来了！*

dass die Frau des berühmten chinesischen Komikers Zhou Libo zu ihrem Mann sagt: «Zhou Libo, bring mir die Hausschuhe!»

«Ich heiße Zhou, mein Vorname ist Libo. Meine Freunde nennen mich Alter Zhou, meine Schüler nennen mich Lehrer Zhou. Zu Hause hat meine Mutter immer Bobo zu mir gesagt. Ach ja, das hat meine Frau jetzt übernommen.»

«Bobo, wo sind meine Hausschuhe?»

«Komme schon!»

kǒng zǐ hé lǎo zǐ
孔子和老子

chūnqiū shí qī shì yí ge zhōngguó tǒng yī zhī qián de
春秋时期是一个中国统一之前的
zhū hóu fēn zhēng shí dài zài zhè ge shí dài zhōngguó chū
诸侯纷争时代，在这个时代中国出
xiàn le yì xiē yǒu yǐng xiǎng de zhù míng de sī xiǎng jiā
现了一些有影响的著名的思想家，
qí zhōng de liǎng wèi gēn běn de yǐngxiǎng le zhōngguó rén
其中的两位根本地影响了中国人
de jīng shén shēnghuó tā men dài biǎo le zhōngguó zhé xué
的精神生活，他们代表了中国哲学
lǐng yù de liǎng ge jié rán bù tóng de lì chǎng
领域的两个截然不同的立场。

kǒng zǐ gōngyuánqián wǔwǔyī dào sì qī jiǔ nián
孔子（公元前551到479年）

kǒng zǐ hòu rén yě chēng kǒng fū zǐ shì lǔ guó rén
孔子，后人也称孔夫子，是鲁国人，
zài jīn tiān de shāndōngshěng tā chū shēn pín hán zǎo
在今天的山东省。他出身贫寒，早
nián sàng fù tā fēi cháng hào xué hòu lái chéng wéi yǒu
年丧父，他非常好学，后来成为有

Konfuzius und Laotse

Während der Frühlings- und Herbstperiode (770–476 v. Chr.), einer politisch turbulenten Zeit vor der Reichseinigung, hat China eine Reihe bedeutender Denker hervorgebracht. Zwei davon haben das chinesische Geistesleben grundlegend geprägt und können als gegensätzliche Positionen innerhalb der chinesischen Philosophie gelten.

Konfuzius (551–479 v. Chr.)

Konfuzius, den man auch «Lehrmeister Kong» nennt, wurde im Kleinstaat Lu in der heutigen Provinz Shandong geboren. Er stammte aus ärmlichen Verhältnissen und verlor früh seinen Vater. Durch seinen Bildungshunger brachte er es dennoch zum

yǐng xiǎng de jiào yù jiā hé zhèng zhì gù wèn tā yǒu
影响的教育家和政治顾问。他有

fēi cháng duō de dì zǐ bìng qiě hé tā men zhōu yóu liè
非常多的弟子，并且和他们周游列

guó gòng shí sì nián kǒng zǐ bèi hòu shì zūn chóng wéi
国共十四年。孔子被后世尊崇为

shèn rén hé wàn shì shī biǎo tā de xué shuō bú
圣人和“万世师表”，他的学说不

jiào kǒng jiā ér shì bèi chēng wéi rú jiā
叫“孔家”，而是被称为“儒家”。

tā de zhǔ yào zhù zuò lùn yǔ bìng bú shì tā
他的主要著作〈论语〉并不是他

xiě de ér shì tā yǔ xué sheng de duì huà yóu tā
写的，而是他与学生的对话，由他

einflussreichen Pädagogen und politischen Berater. Er war von einer großen Schar von Schülern umgeben und reiste mit ihnen vierzehn Jahre lang durch die Fürstentümer. Von der Nachwelt wurde er als Weiser verehrt, er gilt als «Lehrmeister für Zehntausend Generationen», und seine Lehre heißt in China nicht etwa Konfuzianismus, sondern «Schule der Gelehrten».

Sein wichtigstes Werk, ‹Die Gespräche›, stammt nicht aus seiner Feder; es handelt sich um Dialoge mit seinen Schülern, die diese

de dì zǐ zài tā sǐ hòu biān chéng rú jiā xué shuō de
的弟子在他死后编成。儒家学说的

hé xīn shì rén hé lǐ mù dì shì rén hé
核心是“仁”和“礼”，目的是人和

rén zhī jiān de hé xié hé hù xiāng zūn zhòng měi ge rén
人之间的和谐和互相尊重，每个人

zài shè huì shàng dōu bì xū zhǎo dào yǔ zì jǐ xiāng yìng
在社会上都必须找到与自己相应

de wèi zhi zài jiā tíng lǐ rú cǐ zài guó jiā yě
的位置。在家庭里如此，在国家也

shì rú cǐ tōng guò bú duàn xué xí hé jī lěi shēng
是如此。通过不断学习和积累生

huó jīng yàn rén zuì zhōng yīng gāi chéng wéi jūn zǐ kǒng
活经验，人最终应该成为君子。孔

zǐ yòng jǐ jù huà xíng xiàng de miáo shù le zhè ge chéng
子用几句话形象地描述了这个成

zhǎng guò chéng wú shí yǒu wǔ ér zhì yú xué sān shí
长过程：吾十有五而志于学，三十

ér lì sì shí ér bú huò wǔ shí ér zhī tiān mìng
而立，四十而不惑，五十而知天命，

liù shí ér ěr shùn qī shí ér cóng xīn suǒ yù bù
六十而耳顺，七十而从心所欲，不

yú jù
逾矩。

nach seinem Tod aufgezeichnet haben. Im Zentrum seiner Lehre stehen die Begriffe « Menschlichkeit » und « Ritus ». Ziel ist das harmonische, respektvolle Zusammenleben, wobei jeder den für ihn vorgesehenen Platz in der Gesellschaft einzunehmen hat. Dies gilt für die Familie ebenso wie für das Staatswesen. Durch ständiges Lernen und durch Lebenserfahrung soll sich der Mensch zum « Edlen » entfalten. Diesen idealen Werdegang hat Konfuzius in knappen Sätzen einprägsam so formuliert: « Mit fünfzehn war mein Sinn dem Lernen zugewandt. Mit dreißig war ich gefestigt. Mit vierzig zweifelte ich nicht mehr. Mit fünfzig kannte ich die Gebote des Himmels. Mit sechzig stand mein Ohr der Weisheit offen. Mit siebzig konnte ich meinen Herzenswünschen nachgeben, ohne die Grenzen des Anstands zu überschreiten. »

rú jiā sī xiǎng duì zhōng guó yǐ wài de guó jiā yě yǒu
儒家思想对中国以外的国家也有
zhe shēn yuǎn de yǐng xiǎng lì rú hán guó yuè nán hé
着深远的影响，例如韩国、越南和
rì běn děng guó zhè xiē guó jiā yě bèi chēng wéi rú jiā
日本等国。这些国家也被称为儒家
wén huà quān
文化圈。

lǎo zǐ gōng yuán qián liù shì jì
老子（公元前六世纪）

lǎo zǐ xìng lǐ míng ěr dàn hòu rén chēng tā wéi lǎo
老子姓李名耳，但后人称他为老
zǐ chūn qiū chǔ guó rén jīn hú běi tā shì
子，春秋楚国人（今湖北）。他是
zhōng guó dào jiā de chuàng shǐ rén hé dào dé jīng de zuò
中国道家的创始人和道德经的作
zhě guān yú zhè běn báo báo de shū de chǎn shēng hái
者。关于这本薄薄的书的产生还

Die konfuzianische Lehre hat weit über China hinaus gewirkt, vor allem nach Korea, Vietnam und Japan, weshalb man auch von einem konfuzianischen Kulturkreis spricht.

Laotse (6. Jh. vor Chr.)

Sein Familienname war Li, sein Vorname Er, und er wurde von den Nachgeborenen «alter Meister» genannt. Laotse lebte im Staat Chu, der heutigen Provinz Hubei. Er gilt als Begründer des Taoismus und ist Verfasser des ‹Klassikers vom Weg und von

yǒu yí ge qí miào de gù shi dāng lǎo zǐ yù gǎn
有一个奇妙的故事。当老子预感
dào chǔ guó de shuāi bài hé hùn luàn tā jiù qí
到楚国的衰败和混乱，他就骑
zhe niú lí kāi le jiā xiāng biān jiè de shǒu guān rén
着牛离开了家乡。边界的守关人
lán zhù tā qǐng qiú tā liú xià tā de jīng lùn chuán
拦住他，请求他留下他的经论。传
shuō zhōng de zhè běn jīng diǎn zhù zuò zhí dào jīn tiān hái
说中的这本经典著作直到今天还
zài bú duàn de bèi chóng xīn jiě shì hé fān yì bìng
在不断地被重新解释和翻译，并
cù shǐ bù lái xī tè xiě le tā zuì yōu xiù de shī
促使布莱希特写了他最优秀的诗
gē zhī yī lǎo zǐ liú wáng tú zhōng zhuàn xiě dào dé jīng
歌之一：老子流亡途中撰写道德经
de chuán shuō
的传说。

lǎo zǐ zhǔ zhāng wú wéi ér zhì dàn zhè bìng bù
老子主张“无为而治”。但这并不
biǎo shì méi yǒu zuò wéi ér shì shuō rú guǒ shùn yìng
表示没有作为，而是说，如果顺应
zì rán wú wéi jiù huì zhuǎn huà chéng yǒu wéi lǎo zǐ
自然，无为就会转化成有为。老子

der Tugend›. Um die Entstehung dieses schmalen Bändchens rankt sich eine wundersame Geschichte. Als er das Land in Chaos und Zerfall versinken sah, verließ er, auf einem Büffel reitend, seine Heimat. Am Pass angekommen, wurde er vom Grenzwächter aufgehalten und gebeten, seine Gedanken niederzulegen. So entstand der Sage nach jener Text, der bis in unsere Tage immer wieder neu interpretiert und übersetzt wurde und Bertolt Brecht zu einem seiner schönsten Gedichte, der ‹Legende von der Entstehung des Buches Taoteking auf dem Weg des Laotse in die Emigration› inspiriert hat.

Laotse propagierte das «Herrschen ohne Handeln». Das heißt aber nicht, dass man untätig bleiben soll. Man sollte sich dabei nur im Einklang mit den Gesetzen der Natur befinden, dann kann «Nicht Handeln» durchaus zum «Handeln» führen. Lao-

shuō rén fǎ dì dì fǎ tiān tiān fǎ dào dào fǎ
说：人法地，地法天，天法道，道法

zì rán zhè jiù shì lǎo zǐ de pǔ sù biànzhèngzhǔ
自然。这就是老子的朴素辩证主

yì de hé xīn
义的核心。

tse sagt: «Die Menschheit folgt der Erde. Die Erde folgt dem Himmel. Der Himmel folgt dem Weg. Der Weg folgt der Natur.» Hierin liegt der Kern seiner ursprünglichen Dialektik.

jiā tíng
家庭

zhù zài běi jīng de lín xiānshēngshuō wǒ xiǎo shí hòu
住在北京的林先生说：“我小时候，
jiā lǐ xiōng dì jiě mèi bā ge hái yǒu fù mǔ hé yé
家里兄弟姐妹八个，还有父母和爷
ye nǎi nai wǒ shì jiā lǐ zuì xiǎo de wǒ xiàn zài ne
爷奶奶，我是家里最小的。我现在呢，
zhǐ yǒu yí ge hái zi wǒ men shì sān kǒu zhī jiā
只有一个孩子，我们是三口之家。”
yǐ qiánchángchángshì sì shì tóngtáng de dà jiā tíng
以前常常是四世同堂的大家庭，
xiàn zài yǐ biàn wéi sì èr yī xiǎo jiā tíng
现在已变为“4—2—1小家庭”，
yóu yí ge hái zi liǎng ge fù mǔ hé sì ge zǔ
由一个孩子，两个父母和四个祖
fù mǔ zǔ chéng zhè shì jìn jǐ shí nián guó jiā jì
父母组成。这是近几十年国家计
huàshēng yù zhèng cè hé wǎn hūn wǎn yù de hào
划生育政策和“晚婚晚育”的号
zhào de jié guǒ dú shēng zǐ nǚ jiā tíng duì xiǎo
召的结果。独生子女家庭对“小
huángdì hé xiǎogōngzhǔ de yí dài huì chǎn
皇帝”和“小公主”的一代会产

Die Familie

Herr Lin aus Peking sagt: « Als ich klein war, waren wir zu Hause acht Geschwister, dazu noch Eltern und Großeltern. Ich war der Jüngste. Ich selbst habe heute nur ein Kind, wir sind eine dreiköpfige Familie. »

Wohnten früher die sprichwörtlichen vier Generationen unter einem Dach, so herrscht heute die sogenannte « 4-2-1-Familie » vor, die aus einem Kind, zwei Eltern und vier Großeltern besteht. Sie ist das Ergebnis jahrzehntelanger staatlicher Geburtenkontrolle und der Weisung « Spät heiraten, spät gebären ». Welche langfristigen Folgen die Ein-Kind-Familie für die Generation der « kleinen

shēng zěn yàng de cháng qī yǐng xiǎng xiàn zài hái bù dé ér
生怎样的长期影响，现在还不得而

zhī
知。

zhōng guó rén de jiā tíng guān niàn jí qiáng jiā tíng tóng shí
中国人的家庭观念极强。家庭同时

shì guó jiā de jī běn dān wèi yì fāng miàn jiā tíng gěi
是国家的基本单位，一方面家庭给

gè rén yǐ ān quán gǎn lìng yì fāng miàn yāo qiú tā jìn
个人以安全感，另一方面要求他尽

yì wù kǒng zǐ zài sān gāng wǔ cháng zhōng guī dìng le
义务。孔子在“三纲五常”中规定了

jūn wéi chén gāng fù wéi zǐ gāng fū wéi qī gāng
“君为臣纲，父为子纲，夫为妻纲”。

wèi le shǐ měi ge rén míng què tā de wèi zhi zhōng guó
为了使每个人明确他的位置，中国

rén duì qīn shǔ guān xi yǒu yì zhěng tào xì tǒng ér fù
人对亲属关系有一整套系统而复

zá de míng chēng yí ge zhōng guó hái zi yǒu yí ge
杂的名称。一个中国孩子有一个

yé ye bà ba de bà ba yī ge wài
爷爷——爸爸的爸爸；一个外

gōng mā ma de bà ba yí ge nǎi nai
公——妈妈的爸爸；一个奶奶——

Kaiser» und «kleinen Prinzessinnen» haben wird, bleibt abzuwarten.

Familiensinn wird in China ganz groß geschrieben, die Familie gilt als Grundeinheit des Staates. Sie sichert das Individuum ab, nimmt es aber auch in die Pflicht. Konfuzius legte in seinen «Drei Grundbeziehungen und fünf Grundtugenden» fest: «Der Untertan gehorcht dem Kaiser; der Sohn gehorcht dem Vater, die Frau gehorcht dem Mann.»

Damit jeder Mensch genau weiß, wo sein Platz ist, haben die Chinesen ein komplexes System von Verwandtschaftsbezeichnungen entwickelt. So hat ein chinesisches Kind einen *yeye* – der Vater des Vaters – und einen *waigong* – der Vater der Mutter – und natürlich auch zwei Omas: eine *nainai* – die Mutter

bà ba de mā ma yí ge wài pó mā ma de
爸爸的妈妈；一个外婆——妈妈的
mā ma tā de sān shū shì bà ba de dì sān ge
妈妈。他的“三叔”是爸爸的第三个
dì di tā de èr biǎo jiě shì tā de bà ba de
弟弟，他的“二表姐”是他的爸爸的
gē ge huò jiě jie de nǚ ér yòu shì biǎo jiě zhōng dì
哥哥或姐姐的女儿，又是表姐中第
èr dà de zhè xiē míng chēng zài rì cháng shēng huó zhōng yě
二大的。这些名称在日常生活中也
yòng lái zuò chēng hu kě yǐ xiǎng xiàng yí ge xīn guò
用来做称呼。可以想象，一个新过
mén de xí fù dào le zhàng fu de jiā yǐ hòu jǔ zhǐ
门的媳妇到了丈夫的家以后，举止
dào wèi shì duō me de kùn nan
到位是多么的困难。

zài zhōng guó yě yǐ jīng chū xiàn le qí tā jiā tíng mó
在中国也已经出现了其他家庭模
shì wèi hūn tóng jū jiā lǐ zhǐ shèng xià fù mǔ de
式：未婚同居，家里只剩下父母的
kōng cháo jiā tíng wèi le shì yè ér jué dìng bú yào
“空巢家庭”，为了事业而决定不要
hái zi de dīng kè jiā tíng
孩子的“丁克家庭”。

des Vaters – und eine *waipo* – die Mutter der Mutter. Sein *sanshu* (dritter Onkel) ist der dritte von den jüngeren Brüdern seines Vaters, und bei seiner *erbiaojie* (zweite Cousine) muss es sich um die zweitälteste Cousine väterlicherseits handeln. Solche Verwandtschaftsbezeichnungen werden im Alltag auch als Anrede benutzt. Man kann sich vorstellen, wie schwer es für eine neuvermählte Schwiegertochter ist, sich in der Familie ihres Mannes korrekt zu verhalten.

Inzwischen sind aber auch in China neue Familienmodelle entstanden: Das Zusammenleben vor der Ehe, die «Leere Nest»-Familien, die nur noch aus Mann und Frau bestehen –, oder die «Dink-Familie» – Paare, die sich gegen Kinder und für Karriere entschieden haben.

lǐ mào

礼貌

zài xī fāng rén yǎnzhōng zhōngguó shì wēi xiào de guó
在西方人眼中，中国是“微笑的国

jiā zhōngguó rén hěn yǒu lǐ mào hěn ān jìng zǒng
家”，中国人很有礼貌，很安静，总

shì wēi xiào dàn shì rú guǒ yí ge wài guó rén qù le
是微笑。但是如果一个外国人去了

zhōngguó tā hěn kuài jiù huì fā xiàn zhè bìng bù wán
中国，他很快就会发现，这并不完

quán duì
全对。

zài shàng dì tiě de shí hou tā huì bèi rén liú jǐ dào
在上地铁的时候，他会被人流挤到

yì biān zài fàn diàn diàn shì zài gé bì bèi kāi dào
一边；在饭店，电视在隔壁被开到

zhèn tiān xiǎng fáng kè tōng guò kāi zhe de mén yǔ duì miàn
震天响，房客通过开着的门与对面

de fáng jiān dà shēng de liáo tiān nǚ shì bìng bù yōu
的房间大声地聊天；女士并不优

xiān jì méi yǒu rén ràng nǚ shì xiān xíng yě méi yǒu rén
先，既没有人让女士先行，也没有人

wèi tā kāi mén huò bāng tā chuān dà yī
为她开门或帮她穿大衣。

Höflichkeit

China gilt im Westen als das «Land des Lächelns», demnach sind Chinesen höflich, ruhig und lächeln ständig. Kommt ein Ausländer aber nach China, so merkt er bald, dass das nicht unbedingt zutrifft.

Beim Einsteigen in die U-Bahn wird er beiseite gedrängt, und im Hotel dröhnt im Nebenzimmer der Fernseher, während sich die Bewohner bei offener Tür über den Gang lauthals mit den Freunden im Zimmer gegenüber unterhalten. Einer Dame wird weder der Vortritt gelassen, die Tür aufgehalten, noch in den Mantel geholfen.

zhōngguórén de lǐ mào zhǔ yào tǐ xiàn zài yǔ yán
中国人的礼貌主要体现在语言
shàng zhōngwén bāo kuò le xǔ duō kè tào hé lǐ mào
上。中文包括了许多客套和礼貌
yòng yǔ bǐ fang shuō wèn duì fāng guì xìng
用语，比方说，问对方“贵姓？”，
duì fāng hé shí guānglín bì shè lǎo rén gāo
对方何时“光临敝舍？”，老人“高
shòu zhè dōu shì gǔ hàn yǔ zhōngde lǐ mào yòng
寿？”，这都是古汉语中的礼貌用
yǔ jīn tiān hái guǎng fàn de yòng zài rì cháng kǒu yǔ
语，今天还广泛地用在日常口语
zhōng
中。

xiè xie hé duì bu qǐ děng cí zài jiā tíng
“谢谢”和“对不起”等词在家庭
zhōng hé péng you zhī jiān yì bān dōu shì bú yòng de zhè
中和朋友之间一般都是不用的。这
bìng bú shì bù lǐ mào ér shì qīn jìn de biǎo shì
并不是不礼貌，而是亲近的表示。
rú guǒ zài jiā lǐ shuō xiè xie jiā rén huì qí guài
如果在家里说谢谢，家人会奇怪，
rèn wéi nǐ jiàn wài
认为你“见外”。

Höflichkeit spielt sich vor allem im Verbalen ab. Es existieren viele Höflichkeitsfloskeln. So fragt man sein Gegenüber zum Beispiel nach dem «werten Namen», wann dessen Besuch «Licht in die bescheidene Hütte» bringen wird, oder man erkundigt sich statt nach dem Alter nach dem «hohen, langen Leben». Das alles sind höfliche Ausdrücke aus dem klassischen Chinesisch, die auch heute noch in der Umgangssprache geläufig sind.

Im engeren Familien- oder Freundeskreis können Wörter wie «Danke» und «Entschuldigung» hingegen ganz wegfallen. Dies ist kein Zeichen von Rücksichtslosigkeit, sondern vielmehr von Nähe und Vertrautheit. Innerhalb der Familie «Danke» zu sagen, würde die Angehörigen eher befremden und verwundern.

rú guǒ yǒu rén ràng yí ge wài guó rén bú yào kè
如果有人让一个外国人“不要客
qi jiù shuōmíng zhè ge wài guó rén bèi jiē nà le
气”，就说明这个外国人被接纳了，
tā yǐ jīng bèi shì wéi zì jǐ rén le
他已经被视为“自己人”了。

zài jiāowǎngzhōnggěi zì jǐ hé duì fāng liú miàn zi shì
在交往中给自己和对方留面子是
hěnzhòngyào de shì qing zhōngguó rén wǎngwǎng hěn qiān
很重要的事情。中国人往往很谦
xū bǎ zì jǐ shuō de bú nà me hǎo ér bǎ duì
虚，把自己说得不那么好，而把对
fāng tái de hěn gāo jǐn guǎn zì jǐ de hái zi xué xí
方抬得很高。尽管自己的孩子学习
chéng jì hěn yōu xiù yě yào liè jǔ hái zi de quē
成绩很优秀，也要列举孩子的缺
diǎn yǐ biàn gěi duì fāng jī huì shǐ tā de hái zi
点，以便给对方机会，使他的孩子
yě xiǎn de hěn chūzhòng
也显得很出众。

rú jīn xī fāng de lǐ jié zài zhōngguó yǐ jīng hěn pǔ
如今，西方的礼节在中国已经很普
biàn le rén men bú zài jū gōng huò zhě kòu tóu ér
遍了。人们不再鞠躬或者叩头，而

Wird ein Ausländer aufgefordert, «nicht so höflich» zu sein, so nimmt man ihn in die Gemeinschaft auf, von nun an gehört er dazu.

Im Umgang miteinander ist es wichtig, «das Gesicht» zu wahren, sich selbst und dem anderen gegenüber. Chinesen geben sich sehr bescheiden, sie sprechen eher abschätzig von sich selbst und erhöhen dafür den anderen. Obwohl das eigene Kind in der Schule gute Noten hat, müssen die Schwächen des Kindes aufgezählt werden, damit der andere die Chance erhält, seinen Nachwuchs in besserem Licht erscheinen zu lassen.

Bei der Begrüßung haben sich inzwischen westliche Formen durchgesetzt. Man verneigt sich nicht mehr oder macht gar

shì gēn duì fāng wò shǒu dàn yōng bào huò qīn wěn zhōng
是跟对方握手。但拥抱或亲吻中

guó rén zé hěn nán jiē shòu
国人则很难接受。

Kotau, sondern gibt sich die Hand. Mit Umarmungen oder

Küsschen tun sich Chinesen aber weiterhin schwer.

chá

茶

zhōngguó zì chá yóu sān bù fen zǔ chéng rén
中国字“茶”由三部分组成：艹，人，
mù wǒ men kàn dào rén zài màoshèng de lǜ sè de
木。我们看到人在茂盛的绿色的
shù mù zhōng chá zhè ge cí de fā yīn yě duì
树木中。“茶”这个词的发音也对
wǒ men hěn yǒu qǐ shì chá shì xī fāng yǔ yán
我们很有启示。“茶”是西方语言
zhōng wéi shù bù duō de zhōngguó wài lái cí zhī yī zài
中为数不多的中国外来词之一。在
lì shǐ shàng chá yè céng tōng guò liǎng tiáo bù tóng de lù
历史上，茶叶曾通过两条不同的路
xiàn yùn dào xī fāng běi fāng de lù lù hé nán fāng de
线运到西方：北方的陆路和南方的
hǎi lù jié guǒ shì chá zài xī fāng yǔ yán zhōng
海路。结果是“茶”在西方语言中
de liǎng zhǒng bù tóng de cí gàn zài é yǔ hé tǔ ěr
的两种不同的词干。在俄语和土耳
qí yǔ zhōng chá de fā yīn gēn zhōngguó běi fāng de
其语中，“茶”的发音跟中国北方的
yí yàng yīng yǔ fǎ yǔ dé yǔ hé qí
一样：cha。英语、法语、德语和其

Tee

Das chinesische Schriftzeichen für «Tee» besteht aus drei Teilen: Gras, Mensch, Baum. Wir sehen einen Menschen inmitten von üppig grünem Buschwerk. Auch die Aussprache dieses Zeichens ist aufschlussreich. Das Wort Tee ist eines der wenigen chinesischen Lehnwörter in westlichen Sprachen. Historisch gesehen gelangte der Tee über zwei unterschiedliche Routen in den Westen: über den nördlichen Landweg und über den südlichen Seeweg. Das Ergebnis sind zwei verschiedene Wortstämme in den westlichen Sprachen. Im Russischen und Türkischen wird Tee ausgesprochen wie in Nordchina, nämlich *cha*. Im Englischen, Französischen, Deutschen und anderen westeuro-

tā xī ōu yǔ yán zhōng chá de fā yīn xiàng zài
他西欧语言中，“茶”的发音象在

zhōng guó dōng nán gǎng kǒu chéng shì yí yàng
中国东南港口城市一样：tee。

chuán shuō zhōng guó cǎo yào de zǔ xiān shén nóng zài shù xià
传说中国草药的祖先神农在树下

shāo shuǐ de shí hou yǒu shù yè luò jìn shuǐ hú lǐ
烧水的时候，有树叶落进水壶里。

tā hē guò zhè shuǐ hòu gǎn jué jīng shén hěn shuǎng shuǐ
他喝过这水后，感觉精神很爽，水

yě hěn hǎo hē tā dài zǒu le yì xiē shù yè yòng
也很好喝。他带走了一些树叶，用

lái jìn yí bù shí yàn
来进一步实验。

bù guǎn zhè ge gù shi shì fǒu zhēn shí tā biāo zhì le
不管这个故事是否真实，它标志了

yǒu jǐ qiān nián lì shǐ de chá wén huà de kāi duān chá
有几千年历史的茶文化的开端。茶

yǐ qián shì xiàn zài yě shì zhōng guó rén rì cháng shēng huó
以前是，现在也是中国人日常生活

zhōng zuì zhòng yào de yǐn liào shì shēng huó zhōng bì bù kě
中最重要的饮料，是生活中必不可

shǎo de qī jiàn shì chái mǐ yóu yán jiàng cù chá
少的七件事——柴米油盐酱醋茶

päischen Sprachen folgt man der Aussprache der südlichen Hafenstädte: *tee*.

Der Legende nach kochte Shen Nong, der Urvater der chinesischen Kräutermedizin, unter einem Baum Wasser, und einige Blätter fielen in den Kessel. Als er davon getrunken hatte, fühlte er sich erfrischt und fand das Getränk sehr wohlschmeckend. Er nahm Blätter mit nach Hause, um das Experiment zu wiederholen.

Ganz gleich, ob diese Geschichte wahr ist oder nicht, sie markiert jedenfalls den Beginn der jahrtausendealten chinesischen Teekultur. Tee war und ist das wichtigste Getränk im chinesischen Alltag. Er zählt zu den sieben Dingen, die im Leben niemals fehlen dürfen: Brennholz, Reis, Öl, Salz, Soja, Essig und

zhī yī dài kè shí zhǔ rén huì dì gěi kè ren yì
之一。待客时主人会递给客人一
bēi chá gōng jiāo sī jī yòng chá tí shén bàn gōng
杯茶；公交司机用茶提神；办公
zhuōshàngbù kě quē shǎo de yě shì yì bēi chá
桌上不可缺少的也是一杯茶。
zhōngguórén zuì xǐ huan hē lǜ chá běi fāng rén xǐ
中国人最喜欢喝绿茶。北方人喜
huan zài lǜ chá lǐ jiā mò lì huā biànchéng huā
欢在绿茶里加茉莉花，变成花
chá nán fāng rén xǐ huan wū lóng chá hóng chá zhǔ yào
茶。南方人喜欢乌龙茶。红茶主要
yòng yú chū kǒu xī bù de shǎo shù mín zú xǐ huan
用于出口。西部的少数民族喜欢
bǎ chá yè zhì chénghǎo kàn de zhuān chá yě jiào pǔ
把茶叶制成好看的砖茶，也叫普
ěr chá
洱茶。

bù tóngzhǒng lèi de chá yè qū bié zài nǎ li ne
不同种类的茶叶区别在哪里呢？
zhǔ yào shì jiā gōnggōng yì de bù tóng lǜ chá shì
主要是加工工艺的不同。绿茶是
méi yǒu jīng guò fā jiào de chá yè zhǐ jīng guò le
没有经过发酵的茶叶，只经过了

eben Tee. Der Gastgeber reicht seinem Gast eine Schale Tee; der Busfahrer hält sich damit wach, und auch auf dem Schreibtisch darf eine Tasse Tee nicht fehlen.

Chinesen bevorzugen grünen Tee. Die Nordchinesen lieben es, den Teeblättern Jasminblüten beizumengen, so entsteht der Blumentee. Die Südchinesen trinken gern Oolong-Tee. Schwarzer Tee (wörtlich: roter Tee) wird vor allem für den Export produziert. Die Minderheiten Westchinas pressen die Teeblätter in dekorative Ziegel, auch Pu-Erh Tee genannt.

Worin liegt nun der Unterschied zwischen diesen Sorten?

Vor allem in den Verarbeitungsmethoden. Grüner Tee wird nicht fermentiert, sondern nur getrocknet. Halbfermentierte

hōnggān jīng guò bàn fā jiào de chá yè jiào wū lóng
烘干。经过半发酵的茶叶叫乌龙

chá jīng guò wán quán fā jiào de chá yè jiào hóng chá
茶。经过完全发酵的茶叶叫红茶。

zuì yǒu míng de lǜ chá shì lóng jǐng hé bì luó chūn
最有名的绿茶是龙井和碧螺春。

gēn jǐ ge hǎo yǒu zuò zài yì qǐ yòng hǎo shuǐ pào
跟几个好友坐在一起，用好水泡

shàng yì bēi bì lǜ de chá wén zhe tā de xiāng qì
上一杯碧绿的茶，闻着它的香气，

màn màn pǐn cháng zhēn shì sài guò huó shén xian
慢慢品尝，真是赛过活神仙！

Tees nennt man Oolong. Der schwarze Tee wird vollständig fermentiert.

Die bedeutendsten grünen Tees sind «Drachenbrunnen» und «Grüner Schneckenfrühling». Mit gutem Wasser und im Kreis von Freunden eine Tasse jadegrünen Tee aufzugießen, seinen Duft einzuatmen, ihn langsam zu kosten, das ist für Chinesen ein paradiesischer Zustand.

zhōngguó de chá wén huà kě yǐ gēn xī fāng de jiǔ wén
中国的茶文化可以跟西方的酒文

huà xiāng bǐ chá bù zhǐ shì zhǐ kě de yě shì yòng
化相比。茶不只是止渴的，也是用

lái xiǎngshòu de suǒ yǐ hē chá yě jiào pǐn míng
来享受的，所以喝茶也叫“品茗”。

zài gōngyuán bā shì jì lù yǔ zǒng jié le suǒ yǒu
在公元八世纪，陆羽总结了所有

de guān yú chá de zhī shi xiě le shì jiè shàng dì yī
的关于茶的知识，写了世界上第一

bù chá jīng
部“茶经”。

xiàn dài kē xuézhèngmíng chá yě shì bǎo jiàn pǐn zhōng
现代科学证明，茶也是保健品。中

guó rén lì lái jiù zhī dào chá kě yǐ tí shén qù
国人历来就知道，茶可以提神，去

rè zhù xiāo huà jiǎn féi
热，助消化，减肥。

Die chinesische Teekultur und Kennerschaft ist der Weinkultur im Westen vergleichbar. Tee wird nicht einfach getrunken, um den Durst zu löschen, man genießt ihn. Im 8. Jahrhundert fasste Lu Yu alles Wissenswerte über den Tee in seinem ‹Teeklassiker› zusammen und verfasste damit die erste Teekunde der Welt.

Außerdem hat die moderne Wissenschaft mittlerweile bewiesen, was Chinesen schon immer wussten: Tee ist gesund. Er erfrischt den Geist, treibt innere Hitze aus, fördert die Verdauung und baut Fett ab.

sī chóu

丝绸

hěn duō rén dōu yàn wù ròu chóng zi dàn shì cán

很多人都厌恶肉虫子。但是蚕——

zhōngguórén xǐ huan qīn qiè de chēng hū tā men wéi

中国人喜欢亲切地称呼它们为

cán bǎo bao què bù yí yàng cán bǎo bao

“蚕宝宝”——却不一样。蚕宝宝

kuángchī tā men zuì xǐ huan de měi shí sāng yè shí fā

狂吃他们最喜欢的美食桑叶时发

chū de shā shā shēng duì yǎng cán rén lái shuō shì zuì měi

出的沙沙声对养蚕人来说是最美

miào de yīn yuè bǎo bao men zǒng shì fēi cháng è yīn

妙的音乐。宝宝们总是非常饿，因

wèi tā men zài duǎn zàn de yì shēng zhōng yào tuō sì cì

为它们在短暂的一生中要脱四次

pí měi tuō yí cì jiù yào pàng yì quān zuì hòu cán

皮，每脱一次就要胖一圈。最后蚕

huì tǔ sī zhī chéng yí ge jiǎn biàn chéng cán yǒng

会吐丝，织成一个茧，变成蚕蛹，

zuì hòu biàn chéng yì zhī cán é pò jiǎn ér chū dàn

最后变成一只蚕蛾破茧而出。但

bú shì měi yí ge cán bǎo bao dōu néng wán měi de zǒu

不是每一个蚕宝宝都能完美的走

Seide

Viele Menschen ekeln sich vor Raupen. Aber bei den Seidenraupen – die Chinesen nennen sie liebevoll «Seidenraupenschätzchen» – ist das anders. Das malmende Geräusch, das die Seidenraupen machen, wenn sie ihre Lieblingsspeise Maulbeerblätter verschlingen, ist die schönste Musik in den Ohren ihrer Züchter. Die Schätzchen haben ständig Hunger, weil sie sich in ihrem kurzen Leben viermal häuten und jedes Mal ein bisschen dicker werden müssen. Schließlich spinnt die Raupe einen Faden, formt daraus einen Kokon und verpuppt sich. Aus dem Kokon schlüpft am Ende der Falter. Doch nicht jedem Schätzchen ist es vergönnt, seinen Lebenszyklus zu vollenden. Die meisten

wán yì shēng wèi le huò dé bǎo guì de sī dà bù
完一生。为了获得宝贵的丝，大部
fen cán jiǎn huì bèi tóu jìn gǔn kāi de shuǐzhōng yì zhī
分蚕茧会被投进滚开的水中。一只
cán jiǎn de sī kě yǐ cháng dá liǎnggōng lǐ shì zì rán
蚕茧的丝可以长达2公里，是自然
jiè zhōng zuì cháng de tiān rán fǎng zhī xiān wéi
界中最长的天然纺织纤维。

zhōngguórén hěn zǎo jiù dǒng de yòng cán sī zhì zào sī
中国人很早就懂得用蚕丝制造丝
chóu zǎo zài gōngyuánqián zhèzhǒngshòuhuānyíng de shāng
绸。早在公元前这种受欢迎的商
pǐn jiù yùn dào le gǔ xī là hé gǔ luó mǎ dì guó
品就运到了古希腊和古罗马帝国，
xiān shì tōng guò hǎi lù hòu lái jīng guò lù lù jiù
先是通过海路，后来经过陆路，就
shì yǒumíng de sī chóu zhī lù suǒ yǐ gǔ xī là
是有名的“丝绸之路”。所以古希腊
wén de sī chóu yí zì tóng shí yě chéng wéi
文的丝绸一字Seres同时也成为
le zhōngguó de dài míng cí
了中国的代名词。

shēngchǎn sī chóu de fāng fǎ shì yán gé bǎo mì de
生产丝绸的方法是严格保密的。

Kokons werden vorher in kochendes Wasser geworfen, weil die Menschen den kostbaren Seidenfaden gewinnen wollen. Der Faden eines einzigen Kokons kann bis zu zwei Kilometer lang sein und ist damit die längste in der Natur vorkommende Textilfaser. Die Chinesen verstanden es schon sehr früh, aus dieser Faser Seidenstoffe herzustellen. Bereits in vorchristlicher Zeit exportierten sie diesen gefragten Artikel bis nach Griechenland und Rom, zunächst auf dem Seeweg, später auf dem Landweg über die sogenannte Seidenstraße. So kam es, dass das altgriechische Wort für Seide *seres* gleichzeitig zur Bezeichnung für das Land China wurde.

Das Geheimnis ihrer Herstellung wurde streng bewahrt. Wer

cán yǒnghuò cán luǎn bèi jìn zhǐ dài chū guó wài wéi zhě
蚕蛹或蚕卵被禁止带出国外，违者
huì bèi pàn chǔ sǐ xíng gēn jù chuánshuō zhǐ yǒu yí
会被判处死刑。根据传说，只有一
ge rén zuò dào le tā jiù shì táng dài de wénchénggōng
个人做到了，她就是唐代的文成公
zhǔ gōngyuánliù sì yī nián tā zài jià gěi sōng zàn gān bù
主。公元641年她在嫁给松赞干布
jìn xī zàng de lù shang bǎ cán luǎn cáng zài tóu fa
进西藏的路上，把蚕卵藏在头发
lǐ dài dào le xī zàng
里，带到了西藏。

sī chóu hé jǐn duàn cóng lái dōu xiàngzhēng zhe fù guì hé
丝绸和锦缎从来都象征着富贵和
chénggōng suǒ yǐ wǒ men yòng qián chéng sì jǐn lái
成功。所以我们用“前程似锦”来
xíng róng yǒu qián tú de rén yòng yī jǐn huánxiāng
形容有前途的人，用“衣锦还乡”
xíngróngchénggōngrén shì
形容成功人士。

Eier oder Kokons von Seidenraupen außer Landes brachte, dem drohte die Todesstrafe. Der Legende nach ist das nur einer gelungen, der Prinzessin Wen Cheng aus der Tang-Dynastie. Als sie 641 n. Chr. an den tibetischen König Songtsen Gampo verheiratet wurde, schmuggelte sie in ihren Haaren Seidenraupeneier bis nach Tibet.

Seide und Brokat galten immer als Symbol für Reichtum und Erfolg. Deshalb sagt man jemandem eine «Brokatzukunft» voraus; und hat er erfolgreich Karriere gemacht, «kehrt er in Brokat gewandet in die Heimat zurück».

zhú zi

竹子

zhú zì shì yí ge xiàngxíng zì yàng zi xiàngzhú
“竹”字是一个象形字，样子像竹

yè yí yàng shì hàn zì de piān páng bù shǒu
叶一样。“⺮”是汉字的偏旁部首

zhī yī cóng zhè lǐ kě yǐ kàn chū zhú zi zàizhōng guó
之一，从这里可以看出竹子在中国

wén huà jí rì chángshēnghuózhōngyǒuduō me de zhòng yào
文化及日常生活中有多么的重要。

zhú zi jì shì yǎ zhì de guānshǎng zhí wù yòu shì
竹子既是雅致的观赏植物，又是

yǒu jià zhí de jīng jì zuò wù zhú zi shì jiàn zhù
有价值的经济作物。竹子是建筑

cái liào yě kě yǐ zhì chéng jiā jù yuè qì yòng
材料，也可以制成家具，乐器，用

jù gōng jù shèn zhì kuài zi
具，工具，甚至筷子。

yòngkuài zi jiā jìn zuǐ lǐ de měi shí yě kě néng lái
用筷子夹进嘴里的美食也可能来

zì zhú zi měi wèi de zhú sǔn shí yī shì
自竹子——美味的竹笋。十一世

jì de dà shī rén sū dōng pō shuō guò kě shǐ shí
纪的大诗人苏东坡说过：“可使食

Bambus

Das Schriftzeichen für Bambus ist ein Piktogramm, das Bambusblätter darstellt. Es ist eines der Radikale, woran man sieht, wie wichtig der Bambus in der Kultur und im Alltag der Chinesen ist. Er ist sowohl elegante Zierpflanze wie auch wertvolle Nutzpflanze. Aus diesem Material werden Häuser gebaut und Möbel, Musikinstrumente, Gebrauchsgegenstände sowie Werkzeuge bis hin zu Essstäbchen gefertigt.

Auch die Delikatessen, die man sich mit den Stäbchen in den Mund schiebt, können vom Bambus stammen – die schmackhaften Bambussprossen. Der Dichter Su Dongpo aus dem 11. Jahrhundert

wú ròu bù kě jū wú zhú wú ròu shǐ rén shòu
无肉，不可居无竹。无肉使人瘦，

wú zhú shǐ rén sú
无竹使人俗。”

xìng kuī zhú zi shì kě chí xùshēngzhǎng de yuán cái
幸亏竹子是可持续生长的原材

liào ér qiězhǎng dé fēi kuài wǒ men jī hū kě yǐ
料，而且长得飞快，我们几乎可以

tīng dào zhú zi shēngzhǎngdexiǎngshēng dé guó de chéng
听到竹子生长的响声。德国的成

yǔ xiàng mó gu yí yàngfēngzhǎng dào le zhōngguó
语“象蘑菇一样疯长”到了中国

jiù chéng le yǔ hòu chūn sǔn
就成了“雨后春笋”。

zài fā míng zhǐ yǐ qián zì shì yòng zhú zi zhì chéng
在发明纸以前，字是用竹子制成

de máo bǐ xiě zài zhú jiǎnshàng de zhú zi shì yì
的毛笔写在竹简上的。竹子是一

jié yì jié de yòu zhí yòu yǒu tán xìng suǒ yǐ
节一节的，又直又有弹性，所以

zhú zi bèi bǐ zuò jūn zǐ jì gāngzhèngyòu yǒu qì
竹子被比作君子，既刚正又有气

jié
节。

sagte: « Lieber auf Fleisch verzichten, als ohne Bambus leben. Ohne Fleisch wird man dünn, aber ohne Bambus wird man gewöhnlich. » Zum Glück ist der Bambus ein blitzschnell nachwachsender Rohstoff, man kann ihn praktisch wachsen hören. Was in Deutschland « wie Pilze aus dem Boden » sprießt, das wächst in China « wie Bambussprossen nach dem Frühlingsregen ».

Vor der Erfindung des Papiers schrieb man auf Bambusplättchen, und zwar mit Pinseln aus Bambusrohr. Das Bambusrohr besteht aus Abschnitten, was ihm Halt und Biegsamkeit zugleich verleiht. Bambus wurde deshalb zum Symbol des Edelmannes mit seiner Standhaftigkeit und Integrität.

zhú zi yì shēng zhǐ kāi yí cì huā rán hòu jiù wán chéng
竹子一生只开一次花，然后就完成

le bì shēng de shǐ mìng ér sǐ qù
了毕生的使命而死去。

Nur einmal im Leben blüht die Bambuspflanze, dann hat sie ihre Aufgabe erfüllt und stirbt.

lóng hé xióng māo
龙和熊猫

lóng hé xióng māo dōu shì xiàng zhēng zhōng guó de dòng wù
龙和熊猫都是象征中国的动物。

cóng lái yě méi yǒu rén jiàn guò zhēn de lóng tā zhǐ shì
从来也没有人见过真的龙，它只是

cún zài yú shén huà zhōng xióng māo zé shì zhēn shí de dòng
存在于神话中。熊猫则是真实的动

wù ér qiě shì jiè shàng zhǐ yǒu zhōng guó yǒu
物，而且世界上只有中国有。

yǔ xī fāng bù tóng lóng zài zhōng guó shì shàn liáng de
与西方不同，龙在中国是善良的，

zhèng miàn de xiàng zhēng lóng shì yáng xìng de dài biǎo huáng
正面的象征。龙是阳性的，代表皇

dì de quán lì hé dōng fāng chuán shuō zhōng lóng wáng shēng
帝的权力和东方。传说中龙王生

huó zài hǎi yáng shēn chù de lóng gōng lǐ zhǎng guǎn jì
活在海洋深处的龙宫里，掌管季

jié tiān qì jí shōu cheng
节、天气及收成。

zhōng guó rén rèn wéi zì jǐ shì lóng de chuán rén guò
中国人认为自己是龙的传人。过

chūn jié de shí hou zhōng guó rén xǐ huan yǐ wǔ lóng
春节的时候，中国人喜欢以舞龙

Drache und Panda

Drache und Panda sind Tiere, die China symbolisieren. Den Drachen hat noch nie jemand wirklich zu Gesicht bekommen, er lebt nur in der Mythologie. Den Panda dagegen gibt es wirklich – und zwar nur in China.

Anders als im Westen gilt der Drache in China als gutartig und ist positiv besetzt. Der Drache steht für das männliche Yang, die kaiserliche Macht und die Himmelsrichtung Osten. Der Sage nach wohnt der Drachenkönig im Drachenpalast am Meeresgrund und herrscht über die Jahreszeiten, das Wetter und die Ernte. Alle Chinesen betrachten sich als Nachfahren des Drachen, und man begrüßt das neue Jahr beim Frühlingsfest mit

lái yíng jiē xīn de yì nián de dào lái lóng shì shí
来迎接新的一年的到来。龙是十

èr ge shǔ xiàngzhōngde dì wǔ ge zhōngguó rén dōu xiǎng
二个属相中的第五个。中国人都想

yōngyǒu yí ge xiǎo lóng zǐ huò xiǎo lóng nǚ suǒ yǐ zài
拥有一个小龙子或小龙女，所以在

liǎng qiān nián lóng nián de shí hou zhōngguó chū xiàn le yí
2000年龙年的时候，中国出现了一

ge shēng yù gāo fēng lìng wài dà jiā dōu wàng zǐ chéng
个生育高峰。另外大家都“望子成

lóng xī wàng zì jǐ de hái zi chénggōng de miàn duì
龙”，希望自己的孩子成功地面对

shēnghuó
生活。

zài chuántǒng jiàn zhùzhōng lóng shì zhòng yào de zhǔ tí
在传统建筑中，龙是重要的主题。

zài gōng diàn hé sì miào de zhù zi shàng tái jiē páng hé
在宫殿和寺庙的柱子上、台阶旁和

qiángshàngdōu kě yǐ zhǎo dào lóng de shēnyǐng yǒu yí ge
墙上都可以找到龙的身影。有一个

chéngyǔ jiǎng de shì yè gōng de gù shi yè gōng fēi
成语，讲的是叶公的故事。叶公非

chángxǐ huan lóng suǒ yǐ tā de jiā lǐ huà mǎn le lóng
常喜欢龙，所以他的家里画满了龙。

einem Drachentanz. Der Drache ist das fünfte Tier der zwölf Tierkreiszeichen. Jeder Chinese wünscht sich einen kleinen Drachensohn oder eine kleine Drachentochter, weshalb es im Jahr 2000, einem Drachenjahr, einen regelrechten Babyboom in China gab. Außerdem hofft jeder, dass sein Kind «einmal ein Drache wird», das heißt, dass es Erfolg im Leben hat.

Auch in der traditionellen Architektur ist der Drache ein wichtiges Motiv. In Palästen und Tempeln findet man ihn an Säulen sowie auf Treppen und Wänden. Ein Sprichwort erzählt von einem gewissen Herrn Ye, der Drachen über alles liebte. Deshalb war sein ganzes Haus mit Drachen bemalt. Eines Tages

yǒu yì tiān zhēn de lóng tīng shuō le jiù lái kàn tā
有一天，真的龙听说了，就来看他，

què bǎ tā xià le ge bàn sǐ
却把他吓了个半死。

tā de yǎn quān shì hēi de yòu lǎn yòu bèn yòu táo
它的眼圈是黑的，又懒又笨，又淘

qì yòu tān wán dàn shì rén rén dōu ài tā yīn wèi
气又贪玩，但是人人都爱它，因为

tā tài kě ài le tā jiù shìzhōngguó de dì yī hào
它太可爱了！它就是中国的第一号

guó bǎo dà xióngmāo
国宝：大熊猫。

dà xióngmāo shì shòu bǎo hù de dòng wù zhǐ yǒuzhōng
大熊猫是受保护的动物，只有中

guó chū chǎn xiàn zài zhǐ yǒu liǎngqiān duō zhī le dà
国出产，现在只有两千多只了。大

hörte ein echter Drache davon und besuchte ihn. Herr Ye erschrak darüber fast zu Tode.

Er hat schwarze Augenringe, ist faul und linkisch, frech und verspielt, und dennoch lieben ihn alle, weil er so niedlich ist – die große Bärenkatze ist Chinas Nationalschatz Nummer eins.

Der Riesenpanda ist geschützt und existiert nur noch in etwa zweitausend Exemplaren, und zwar ausschließlich in

xióngmāo shì hěn tiāo ti de sù shí zhě tā zhǐ chī
熊猫是很挑剔的素食者，它只吃

zhú zi xióngmāo de fán zhí hé wèi yǎng dōu hěn má
竹子。熊猫的繁殖和喂养都很麻

fan tā men zì jǐ bìng bù nǔ lì qù zuò zhè xiē
烦，它们自己并不努力去做这些

shì qing lián jiāo pèi dōu yào yǒu rén tái zhe tā men
事情，连交配都要有人抬着它们

qù
去。

dà xióngmāo shì dú yī wú èr de xíngxiàng dà shǐ gǔ
大熊猫是独一无二的形象大使。古

dài huáng dì jià gōng zhǔ dào wài bāng qù hé qīn huàn lái
代皇帝嫁公主到外邦去和亲，换来

hé píng jīn tiān zhōng guó zhèng fǔ jiāng dà xíong māo zèng sòng
和平。今天中国政府将大熊猫赠送

gěi yǒu hǎo guó jiā yǐ huàn qǔ guó jiā zhī jiān de yǒu
给友好国家，以换取国家之间的友

hǎo guān xi lìng wài dà xióngmāo cháng cháng yǐ zhōng guó shāng
好关系。另外大熊猫常常以中国商

pǐn de shāngbiāo biāo zhì hé jí xiáng wù de shēn fèn chū
品的商标、标志和吉祥物的身份出

xiàn zài rì cháng shēng huó zhōng
现在日常生活中。

China. Der Panda ist ein sehr wählerischer Vegetarier; er frisst ausschließlich Bambus. Fortpflanzung und Aufzucht gestalten sich schwierig. Auch die Tiere selbst tun wenig in dieser Richtung, sie müssen regelrecht zum Sex getragen werden.

Als Botschafter ihres Landes sind sie jedoch unübertroffen. Früher verheirateten die Kaiser ihre Töchter strategisch, um das Reich zu befrieden. Heute verschenkt die chinesische Führung Pandabären an befreundete Staaten im Dienste guter bilateraler Beziehungen. Im Alltag findet man ihn als Markenzeichen, Emblem und Maskottchen auf vielen Produkten «made in China».

zhōngguó fàn

中国饭

zhōngguórén shì shì jiè shàng zuì ài chī de mín zú
中国人是世界上最爱吃的民族。

wèi le zuò chū kě kǒu de měi shí tā men bù xī
为了做出可口的美食，他们不惜

shí jiān jīn qián lì qi héchuàngzào lì kǒng zǐ
时间、金钱、力气和创造力。孔子

shuō mín yǐ shí wéi tiān zhōngguó rén jiànmiàn de
说：“民以食为天”。中国人见面的

shí hou chángchángshuō chī le ma zú yǐ jiàn
时候，常常说：“吃了吗？”，足以见

dé chī fàn de zhòngyào
得吃饭的重要。

jǐ qiān nián lái zài zhōngguóxíngchéng le dú yī wú èr
几千年来，在中国形成了独一无二

de shí wén huà tā de duō yàng hé jīng xì tǐ xiàn zài
的食文化。它的多样和精细体现在

shí wù de sè xiāng wèi shàng yóu yú dì lǐ hé
食物的色、香、味上。由于地理和

qì hòu tiáo jiàn bù tóng xíngchéng le bù tóng de dì fāng
气候条件不同，形成了不同的地方

cài xì yì bān lái shuō nán tián běi xián dōng là
菜系。一般来说，南甜，北咸，东辣，

Chinesische Küche

Die Chinesen sind ein Volk von Leckermäulern. Bei der Herstellung wohlschmeckender Speisen scheuen sie weder Zeit noch Geld, Mühe oder Erfindungsreichtum. Schon Konfuzius wusste: « Für das Volk ist das Essen der Himmel. » Wenn Chinesen sich begegnen, fragen sie häufig: « Schon gegessen? », auch darin zeigt sich, wie wichtig ihnen das Essen ist.

Im Laufe der Jahrtausende hat sich in China eine Esskultur entwickelt, die ihresgleichen sucht. In ihrer Vielfalt und Raffinesse spricht sie Auge, Nase und Gaumen gleichermaßen an. Je nach den geographischen und klimatischen Gegebenheiten haben sich verschiedene Regionalküchen herausgebildet. Verallgemei-

xī suān zhǔ shí yě bù tóng běi fāng rén xǐ huan chī
西酸。主食也不同：北方人喜欢吃

miàn shí nán fāng rén ài chī mǐ fàn
面食，南方人爱吃米饭。

zhōngguórén hěn zǎo jiù fā xiàn le shí wù bù zhǐ shì
中国人很早就发现了食物不只是

yòng lái xiǎngshòu de ér qiě kě yǐ zēng jìn shēn tǐ
用来享受的，而且可以增进身体

jiàn kāng chuántǒngzhōng yī xì tǒng de guān chá hé fēn xī
健康。传统中医系统地观察和分析

le zhè zhǒnglián xì bìng yìngyòng yú yǎngshēng shí jiàn
了这种联系，并应用于养生实践。

suī rán mài dāng láo kěn dé jī hé bì shèng kè zhàn
虽然麦当劳、肯德基和必胜客占

lǐng le zhōngguó de chéng shì xiǎo chī jiē hé yè shì
领了中国的城市，小吃街和夜市

de xī xī rǎng rǎng réng rán yī jiù zài nà li xué
的熙熙攘攘仍然依旧。在那里，学

shēnghé quán zhí tài tai nóngmín gōng hé bái lǐng quán
生和全职太太，农民工和白领全

dōu jǐ zài zhuō biān dà chī jiǎo zi hé rè tēng tēng
都挤在桌边，大吃饺子和热腾腾

de tāngmiàn
的汤面。

nernd lässt sich sagen: Im Süden süß, im Norden salzig, im Osten scharf und im Westen sauer. Auch die Grundnahrungsmittel sind unterschiedlich: Im Norden isst man gern Teigwaren, im Süden lieber Reis.

In China hat man aber auch früh erkannt, dass Nahrung nicht nur ein Genussmittel ist, sondern heilsam auf den Körper einwirken kann. Die traditionelle chinesische Medizin hat diesen Zusammenhang systematisch beobachtet und analysiert und für die Gesundheitspflege eingesetzt.

Auch wenn mittlerweile McDonald, Kentucky Fried Chicken und Pizza Hut die chinesischen Städte erobert haben, lässt der Andrang in den Fressgassen und auf den Nachtmärkten nicht nach. Dort finden sich Schüler und Hausfrauen, Wanderarbeiter und Geschäftsleute zusammen, um eine Portion Teigtäschchen oder eine Schale heißer Nudelsuppe zu genießen.

zài fàn guǎn kàn cài dān hé diǎn cài bìng bú shì yí jiàn
在饭馆看菜单和点菜并不是一件

róng yi de shì rú guǒ nǐ bù zhī dào cài dān shàng
容易的事。如果你不知道菜单上

de xī qí gǔ guài de cài míng shì shén me yì si
的稀奇古怪的菜名是什么意思，

jiù hěn nán shǐ ròu cài yú dàn hé dòu fu
就很难使肉、菜、鱼、蛋和豆腐，

yě jiù shì sù cài hé hūn cài de bǐ lì hé lǐ
也就是素菜和荤菜的比例合理。

cài de míngchēng bú shì zǒngxiàng běi jīng kǎo yā
菜的名称不是总象“北京烤鸭”

nà me míng què diǎn le mǎ yǐ shàngshù huì
那么明确，点了“蚂蚁上树”，会

yǒu mǎ yǐ duān shàng fàn zhuō ma lìng wài wèi shén
有蚂蚁端上饭桌吗？另外，为什

me fó huì tiào qiáng ne
么佛会跳墙呢？

Das Lesen von Speisekarten und das Bestellen von Gerichten im Lokal ist eine Kunst für sich. Wenn man nicht weiß, was sich hinter den merkwürdigen Bezeichnungen auf der Speisekarte verbirgt, ist es schwer, ein ausgewogenes Verhältnis zwischen Fleisch, Gemüse, Fisch, Ei und Tofu, vegetarischen und nicht-vegetarischen Gerichten herzustellen. Nicht immer sind die Namen so eindeutig wie bei der Pekingente. Werden bei dem Gericht «Ameisen klettern auf den Baum» tatsächlich Ameisen serviert? Und wieso «Springt der Buddha über die Mauer»?

jīng jù

京剧

yī yà dōngqiāngdōngqiāngdōngdōng
“噫——呀！”，“咚锵咚锵咚咚
qiāng gē shēnggāo kàng luó gǔ zhèn tiān zhè shì
锵！”歌声高亢，锣鼓震天，这是
zhōngguó dú yǒu de gē jù jīng jù zhèng zài tái
中国独有的歌剧——京剧正在台
shàng yǎn chū
上演出。

jīng jù bìng bú shì zài běi jīng chǎnshēng de tā de
京剧并不是在北京产生的，它的
gēn yuán shì ān huī hú běi hé shǎn xī de dì fāng
根源是安徽、湖北和陕西的地方

Die Pekingoper

«*Yi-ya* ! » – « *Dongqiang, dongqiang, dong-dongqiang* ! » Der Gesang ist schrill und das Schlagwerk lässt die Wände wackeln. Das ist der Anfang einer Pekingoper, der typischen Singoper, die es nur in China gibt.

Die Pekingoper stammt überhaupt nicht aus Peking, sie hat ihren Ursprung in den Lokalopern der Provinzen Anhui, Hubei

xì dà yuē èr bǎi nián yǐ qián zhè xiē dì fāng de
戏。大约二百年以前，这些地方的
xì bān bèi zhào dào běi jīng de huánggōng jīng jù cóng
戏班被召到北京的皇宫，京剧从
cǐ zài jīngchéng fā zhǎnchéngwéizhōngguó de guó cuì
此在京城发展成为中国的“国粹”。
yǔ xī fāng gē jù bù tóng de shì jīng jù bù zhǐ wèi
与西方歌剧不同的是，京剧不只为
shàngcéngguānzhòngfú wù yě shì guǎngdà lǎo bǎi xìng xǐ
上层观众服务，也是广大老百姓喜
wén lè jiàn de wén yú xiāo qiǎn kàn xì shí guānzhòng
闻乐见的文娱消遣。看戏时，观众
kě yǐ hē chá chī diǎn xin liáo tiān kě yǐ suí shí
可以喝茶，吃点心，聊天，可以随时
jiào hǎo huò hè dào cǎi
叫好或喝倒彩。

jīng jù jí bù tóng de yì shù xíng shì chàng
京剧集不同的艺术形式——唱、
niàn zuò dǎ wéi yì tǐ yǎn chū de nèi róng shì
念、做、打为一体。演出的内容是
shén huà lì shǐ gù shi hé wén xué gù shi děngguānzhòng
神话、历史故事和文学故事等观众
yǐ jīng shú xī de nèi róng yì bān fǎn yìng duì fù mǔ
已经熟悉的内容，一般反映对父母

und Shaanxi. Vor etwa zweihundert Jahren wurden Operntruppen aus diesen Regionen an den Kaiserhof nach Peking geholt. In der Hauptstadt hat sich die Pekingoper dann zum «nationalen Kulturgut» entwickelt. Im Gegensatz zur westlichen Oper wird sie nicht ausschließlich für ein Elitepublikum gespielt, sondern ist eine Form der populären Unterhaltung für alle Bevölkerungsschichten. Während der Aufführung wird gegessen, getrunken, geplaudert, und das Publikum tut seine Anerkennung oder sein Missfallen jederzeit durch laute Zurufe kund.

Die Pekingoper vereinigt verschiedene künstlerische Elemente: Gesang, Sprechtext, Pantomime und Kampfkunst. Behandelt werden mythische, historische und literarische Stoffe, die dem Publikum bereits bekannt sind, und in denen es meist um The-

de xiào xīn duì guó jiā de zhōngchéng yǒu yì yǔ ài
的孝心，对国家的忠诚，友谊与爱

qíng rén wù zhǔ yào yǒushēng dàn jìng chǒu yǐ
情。人物主要有生、旦、净、丑。以

qián nǚ jué shì yóu nán yǎnyuán lái bàn yǎn de
前，女角是由男演员来扮演的。

biǎo yǎn yóu yí ge wǔ dào bā ge yuè shī zǔ chéng de
表演由一个五到八个乐师组成的

yuètuán lái bàn zòu zhǔ yào de yuè qì shì gǔ hú
乐团来伴奏，主要的乐器是鼓、胡

qín hé yuè qín yuètuán yì bān zuò zài tái de biān
琴和月琴。乐团一般坐在台的边

shang guānzhòng kě yǐ kàn dào bù jǐng hé dào jù fēi
上，观众可以看到。布景和道具非

chángjiǎn dān tái shàngwǎngwǎngzhǐ yǒu yì zhāngzhuō zǐ hé
常简单，台上往往只有一张桌子和

liǎng bǎ yǐ zi qí tā yí qiè liú gěi guānzhòngzì jǐ
两把椅子，其他一切留给观众自己

xiǎngxiàng bǐ fāngshuō zhuō zi kě yǐ xiàngzhēng yí zuò
想象。比方说，桌子可以象征一座

shān yǎnyuán pá shàng qù jiù shì pá shān yì zhī mù
山，演员爬上去就是爬山。一支木

jiǎngshuōmíngrén wù zàichuánshàng yī zhī mǎ biānshuōmíng
桨说明人物在船上，一支马鞭说明

men wie kindliche Pietät, Vaterlandsliebe, Freundschaft und Liebe geht. Als Rollentypen unterscheidet man die männliche Hauptrolle, die weibliche Hauptrolle, « das bemalte Gesicht » (einen temperamentvollen Charakter) und den Clown. Früher wurden auch die Frauenrollen von Männern gespielt.

Begleitet wird die Darbietung von einem fünf- bis achtköpfigen Orchester, dem immer Trommel, Schoßgeige und Zupfinstrumente angehören. Die Musiker sitzen, für das Publikum sichtbar, seitlich auf der Bühne. Bühnenbild und Requisiten sind denkbar karg; meist stehen nur ein Tisch und zwei Stühle auf der Bühne, alles weitere muss sich der Zuschauer selbst vorstellen. So kann der Tisch zum Beispiel einen Berg darstellen, den der Darsteller überwinden muss; ein Paddel zeigt an, dass er in einem Boot sitzt, eine Reitpeitsche bedeutet, dass er gerade

tā zài qí mǎ yǎn yuán de biǎo qíng hé dòng zuò bāo
他在骑马。演员的表情和动作，包

kuò shuǎi shuǐ xiù yě shì chéng shì huà de zhǐ yǒu nèi
括甩水袖，也是程式化的，只有内

háng cái néng kàn dǒng
行才能看懂。

jīng jù yǎn yuán de péi yǎng shí jiān cháng nán dù dà
京剧演员的培养时间长，难度大。

yǐ qián xiǎo hái zi jǐ suì jiù yào zài jù tuán liàn gōng
以前小孩子几岁就要在剧团练功，

reitet. Auch Mimik und Gestik – unterstrichen durch die langen, überhängenden Ärmel – sind hochgradig stilisiert und symbolträchtig und erschließen sich in ihrer Bedeutung nur dem eingeweihten Publikum.

Entsprechend schwer und langwierig ist die Ausbildung der Pekingoper-Schauspieler. Früher traten sie oft schon als Kinder

xiàn zài shì zài jì sù shì de xì jù xué xiào xué xì
现在是在寄宿式的戏剧学校学戏。

zhōnghuárén mín gòng hé guóchéng lì hòu dà bù fen chuán
中华人民共和国成立后，大部分传

tǒng jīng jù bèi jìn zhǐ hòu lái bèi wén gé qī jiān
统京剧被禁止，后来被文革期间

de bā ge gé mìngyàng bǎn xì suǒ qǔ dài jīng jù
的八个“革命样板戏”所取代。京剧

duì xī fāng yě chǎnshēng le yí dìng de yǐngxiǎng tā de
对西方也产生了一定的影响，它的

xiàngzhēngxìngqǐ fā le dé guó xì jù jiā bù lái xī
象征性启发了德国戏剧家布莱希

tè yùn yòng shǐ shī xì jù de tè diǎn
特运用史诗戏剧的特点。

jīng jù de qián jǐng zěn me yàng ne yōu xiù de nián
京剧的前景怎么样呢？优秀的年

qīng yǎn yuánbìng bù quē shǎo dàn shì quē shǎo rè xīn
轻演员并不缺少，但是缺少热心

de xì mí nián qīng de yí dài bú zài xǐ huan zhè
的戏迷。年轻的一代不再喜欢这

ge chuántǒng de yì shù jù zhǒng duì jīng jù xīn xíng
个传统的艺术剧种，对京剧新形

shì de tàn suǒwǎngwǎng yòu bú jìn rú rén yì
式的探索往往又不尽如人意。

in die Truppe ein, heute erlernen sie diese Kunst in den wie Internate geführten Schauspielschulen. Nach Gründung der Volksrepublik China waren die meisten traditionellen Stücke verboten. An ihre Stelle traten während der Kulturrevolution die acht sogenannten «revolutionären Modellopern». Auch in den Westen hat die Pekingoper als Kunstform ausgestrahlt; ihrer Symbolkraft wegen hat sie den deutschen Dramatiker Bertolt Brecht zu seiner Theorie vom epischen Theater inspiriert.

Doch wie soll die Zukunft der Pekingoper aussehen? An begabtem Darstellernachwuchs mangelt es nicht, wohl aber an einem begeisterten und kennerhaften Publikum. Die heutige Jugend schätzt diese traditionelle Kunstform nicht mehr, und die Versuche ihrer Modernisierung sind nur selten zufriedenstellend.

chūn jié
春节

chūn jié shìzhōngguó rén yì niánzhōngzuì dà de jié rì
春节是中国人一年中最大的节日，
shì chuántǒng de nóng lì xīn nián chūn jié de rì qī
是传统的农历新年。春节的日期
gēn jù yuèliang de biàn huà bú dìng shì dōng zhì yǐ hòu
根据月亮的变化不定，是冬至以后
de dì èr ge xīn yuè zài yáng lì de yī yuè èr shi
的第二个新月，在阳历的一月二十
yī rì hé èr yuè èr shi yī rì zhī jiān chūn jié kě
一日和二月二十一日之间。春节可
yǐ yǔ shèng dàn jié xiāng bǐ dàn bú shì zōng jiào jié
以与圣诞节相比，但不是宗教节
rì ér shì jiā tíng jié rì
日，而是家庭节日。

chuántǒngde chūn jié cóng yì nián de là yuè èr shi sān rì
传统的春节从一年的腊月二十三日
kāi shǐ dào xīn nián de zhēngyuè shí wǔ rì de yuán xiāo
开始，到新年的正月十五日的元宵
jié jié shù là yuè èr shi sān rì shì zào wáng yé shēng
节结束。腊月二十三日是灶王爷升
tiān de rì zi zài tiān shàng tā jiāng bào gào yì jiā rén
天的日子，在天上他将报告一家人

Das Neujahrsfest

Das Neujahrsfest, auch Frühlingsfest genannt, ist das wichtigste Fest im chinesischen Jahr, es markiert das Neujahr des traditionellen Bauernkalenders und findet am zweiten Neumond nach der Wintersonnenwende, zwischen dem 21. Januar und dem 21. Februar, statt. Man kann es mit Weihnachten vergleichen, es ist aber kein religiöses Ereignis, sondern ein Familienfest.

Traditionell beginnt es bereits am 23. des letzten Jahresmonats und dauert bis zum Laternenfest am 15. des ersten Monats. Am 23. des letzten Monats bricht nämlich der Herdgott zu seiner Reise in den Himmel auf. Dort muss er über das Betragen

yì nián yǐ lái de biǎo xiàn wèi le bú ràng zào wáng yé
一年以来的表现。为了不让灶王爷

jiǎnghuài huà rén menyòngniánnián de táng xī lái huì lù
讲坏话，人们用粘粘的糖稀来贿赂

tā yǐ biàn fēng zhù tā de zuǐ jiē xià lái měi jiā
他，以便封住他的嘴。接下来每家

dōu kāi shǐ jǐn zhāng de zhǔn bèi guò nián dà sǎo chú
都开始紧张地准备过年：大扫除，

mǎi nián huò zuò shí pǐn yīn wèi guò nián de shí hou
买年货，做食品，因为过年的时候

bù kě yǐ zuò fàn ér qiě yǐ qián guò nián de shí hou
不可以做饭，而且以前过年的时候

shì pú rén yì niánzhōngwéi yī de jià qī zài dà mén
是仆人一年中唯一的假期。在大门

de zuǒ yòu yào tiē shànghóng sè de duì lián hé fú
的左右要贴上红色的对联和“福”

zì duì lián de nèi róng kě yǐ shì zhè yàng de
字。对联的内容可以是这样的：

yù lóng tǔ bǎo qìng jí rì
玉龙吐宝庆吉日

jīn fèng hán zhū hè xīn nián
金凤含珠贺新年

der Familie im scheidenden Jahr Bericht erstatten. Um zu verhindern, dass er etwas Unangenehmes ausplaudert, wird er mit Süßigkeiten bestochen, pappigem Malzzucker, der ihm den Mund verstopft. Anschließend werden in jedem Haushalt hektische Vorbereitungen getroffen: Großreinemachen, Neujahrseinkäufe und das Vorkochen von Speisen, da man über Neujahr nicht kochen soll und früher die Bediensteten zu dieser Zeit ihren einzigen Urlaub hatten. Zu beiden Seiten des Eingangs werden rote Spruchbänder und Glückszeichen angeklebt. Dort steht zum Beispiel:

> Der Jadedrache spuckt einen Schatz aus, um den
> Glückstag zu feiern.
>
> Der goldene Phönix hält eine Perle im Schnabel,
> um das Neujahr zu begrüßen.

chú xī yè měi ge rén dū huì jìn lì gǎn huí jiā chī
除夕夜，每个人都会尽力赶回家吃

tuányuán fàn zài běi fāng jiǎo zi shì bì bù kě shǎo
团圆饭。在北方饺子是必不可少

de zài nán fāng shì nuò mǐ zuò de nián gāo nián yè
的，在南方是糯米做的年糕。年夜

fàn yí dìng yào yǒu yú yīn wèi yú hé yú
饭一定要有鱼，因为"鱼"和"余"

tóng yīn xiàngzhēngzheshēng huó de fēngshèng zǔ zōng shì
同音，象征着生活的丰盛。祖宗是

bù kě yǐ wàng jì de rén menyòng fàn cài jì zǔ
不可以忘记的，人们用饭菜祭祖，

shāoxiāng yòng zhè yàng de fāng shì qǐng tā men yì qǐ
烧香，用这样的方式请他们一起

qìng zhù jiāng jìn wǔ yè dà jiā kāi shǐ diǎn bào zhú
庆祝。将近午夜，大家开始点爆竹，

yíng xīn nián xiǎngshēngzhèn ěr yù lóng
迎新年，响声震耳欲聋。

dà nián chū yī dà jiā hù xiāng bài nián yì biān zuō
大年初一，大家互相拜年，一边作

yī yì biān hù dào gōng xǐ fā cái hái zi men
揖一边互道"恭喜发财"。孩子们

chuānshàngxīnyī fu gěi fù mǔ hé zǔ fù mǔ bài
穿上新衣服，给父母和祖父母拜

Den Vorabend des neuen Jahres versuchen Chinesen möglichst im Kreis der Familie zu verbringen, um am gemeinsamen Festmahl teilhaben zu können. Im Norden sind Jiaozi (chinesische Maultaschen) dabei unerlässlich, im Süden die aus Klebreis bestehenden Niangao. Auch Fisch darf nicht fehlen, denn « Fisch » und « Überfluss » werden im Chinesischen gleich ausgesprochen; also symbolisiert das Fischgericht ein Leben in Wohlstand.

Auch die Ahnen dürfen nicht vergessen werden, man stellt ihnen Speisen als Opfergaben hin und zündet Räucherstäbchen an; auf diese Weise lädt man sie zur Teilnahme ein. Kurz vor Mitternacht werden Knallfrösche gezündet, das neue Jahr wird mit ohrenbetäubendem Lärm begrüßt.

Am Neujahrstag beglückwünscht man sich, indem man beide Hände zu einer Faust schließt und « Glück und Reichtum » sagt. Kinder tragen neue Kleidung, und nachdem sie Eltern

nián yǐ hòu huì dé dàozhuāngzài hóng bāo lǐ de
年以后，会得到装在“红包”里的

yā suì qián hěn duō rén qù gǎn miào huì kàn wǔ
“压岁钱”。很多人去赶庙会，看舞

shī hé wǔ lóng
狮和舞龙。

guò nián de shí hou yǒu hěn duō jìn jì lì rú bù
过年的时候有很多禁忌，例如不

kě yǐ sǎo dì yǐ fáng bǎ fú sǎo chū qù bù
可以扫地，以防把福扫出去；不

kě yǐ lǐ fà bú yào shuāi suì dōng xi bù néng
可以理发；不要摔碎东西；不能

shuō bìng sǐ zhī lèi de bù jí lì de cí
说“病”、“死”之类的不吉利的词。

rú jīn zhōngguó rén zěn yàng guò chūn jié ne suī rán
如今，中国人怎样过春节呢？虽然

hěn duōchuántǒng dōu bèi bǎo liú le dàn shì chūn jié qián
很多传统都被保留了，但是春节前

hòu de jiāo tōngchéng le yí ge lìng rén tóu téng de dà
后的交通成了一个令人头疼的大

wèn tí huǒ chē piào hé fēi jī piào hěn jǐnzhāng chē
问题，火车票和飞机票很紧张，车

liàngshànghěnyōng jǐ hěn duō jiā tíng jué de zì jǐ
辆上很拥挤。很多家庭觉得自己

und Großeltern alles Gute zum neuen Jahr gewünscht haben, erhalten sie Geldgeschenke in roten Umschlägen. Viele Leute besuchen die Tempel-Jahrmärkte und sehen sich Darbietungen von Löwen- und Drachentänzen an.

Während der Neujahrstage gibt es einige Tabus zu beachten. So darf man zum Beispiel nicht fegen, um das Glück nicht hinauszukehren; man darf nicht zum Haareschneiden gehen und sollte möglichst nichts zerbrechen und keine unheilverheißenden Worte wie «Krankheit» oder «Tod» in den Mund nehmen.

Und wie begeht man dieses Fest heute? Viele der Traditionen sind erhalten geblieben. Allerdings führt das Neujahrsfest inzwischen regelmäßig zu großen Verkehrsproblemen. Bahn- und Flugtickets sind schwer zu bekommen, und die Nahverkehrsmittel sind überfüllt. Viele Familien wollen die Mühe des

zuò fàn tài má fan gǎi chéng zài fàn guǎn chī nián yè
做饭太麻烦，改成在饭馆吃年夜

fàn lìng wài chú xī bì bù kě shǎo de diàn shì jié
饭。另外，除夕必不可少的电视节

mù chūn wǎn jiā jiā bì kàn hóng bāo réng rán yǒu
目“春晚”家家必看。红包仍然有，

bú dàn hái zi men gōng sī lǐ de yuángōng yě huì dé
不但孩子们，公司里的员工也会得

dào lǎo bǎn fā de hóng bāo dàn xīn yī fu méi yǒu bì
到老板发的红包。但新衣服没有必

yào sòng le yīn wèi dà jiā yì nián dào tóu dōu zài bú
要送了，因为大家一年到头都在不

duàn de gòu wù
断地购物。

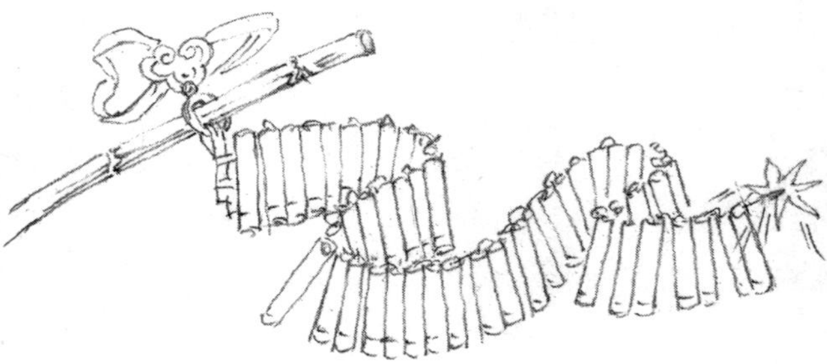

Kochens nicht mehr auf sich nehmen und verlegen das Silvesteressen ins Restaurant. Ein absolutes Muss ist mittlerweile die landesweit ausgestrahlte Fernsehshow am Silvesterabend. Rote Umschläge werden immer noch verteilt – in der Familie ebenso wie in der Firma –, aber das Schenken neuer Kleidung ist mittlerweile nicht mehr nötig, da man jetzt das ganze Jahr über shoppen geht.

Lustige Lehnwörter

yǒu qù de wài lái yǔ
有趣的外来语

Was uns chinesisch vorkommt

Die ersten sprachlichen Abgesandten Chinas im Deutschen waren der mandschurische Würdenträger oder Mandarin (*mǎn dà ren* 满大人) und der sein Leben mit bitterer Arbeit fristende Kuli (*kǔ lì* 苦力). Auch der pietätvolle Untertan, der sich bis zum Boden verneigte, indem er seinen Kotau (*kē/kòu tóu* 叩头) machte, hat seine sprachlichen Spuren bei uns hinterlassen. Und wer sich auf den Weg der Weisheit macht, der folgt dem Tao (*dào* 道).

Eine weitere Gruppe von Lehnwörtern stammt aus der Kampfkunst. Wer sich verteidigen will, der lernt Kungfu (*gōngfu* 功夫), wer Yin (*yīn* 阴) und Yang (yáng 阳) in Einklang bringen möchte, der übt Taichi (*tàijí quán* 太极拳), und wer seine Gesundheit pflegen will, arbeitet an seinem Qi (*qì* 气) und macht Qigong (*qì gōng* 气功). Häuslichen Frieden und Harmonie verspricht hingegen der Ausgleich von Wind und Wasser oder Fengshui (*fēng shǔi* 风水).

Auch unseren Speisezettel hat das Chinesische bereichert. Es bescherte uns Litschi (*lì zhī* 荔枝), Longan (*lóng yǎn* 龙眼) und den Tofu (*dòufu* 豆腐), der aus der gesunden Ernährung nicht mehr wegzudenken ist.

Mit Chinas rasantem Fortschritt in der bemannten Raumfahrt hat der Taikonaut (*tài kōng yǔ háng yuán* 太空宇航

员) die Weltpresse erobert, und wenn sich starker Wind zum Taifun (*tái fēng* 台风) auswächst, so ist auch das ein sprachlicher Gruß aus China.

Sprachliche Anleihen aus dem Westen

Sollen neue westliche Ausdrücke ins Chinesische übernommen werden, so kann dies auf zweierlei Weise geschehen: entweder durch eine sinngemäße Übersetzung wie etwa bei dem Begriff Computer, der zum «Elektrohirn» wird (*diàn nǎo* 电脑), oder durch phonetische Umschreibung, wobei man im Chinesischen nach gleichlautenden Silben sucht, die selbst eine passende oder witzige Bedeutung haben. So ist zum Beispiel der chinesische Fan ein *fěn sī* (粉丝), was dann wörtlich bedeutet: Ich bin Madonnas «Glasnudel». Ein cooler Teenager ist in China nicht «kühl», sondern *kù* (酷) «grausam». Und eine Talkshow ist *tuō kǒu xìu* (脱口秀), etwas, wo «Schönes den Mund verlässt», wobei «xiu» für Show steht.

Interessant sind auch die Mischformen zwischen beiden Verfahren. Ein schönes Beispiel dafür ist der Ausdruck für das Führen eines Miniblogs (*wēi bó* 微博). Er führt in chinesischen Zeitungen zu Überschriften wie: «Alle Funktionäre der Provinzverwaltung xy stricken an ihren Schals» (*zhī wéi bó* 织围脖). Hier wurde das Wort weibo (微博) «Miniblog» durch das Wort *wēibó* (围脖) «Schal» ersetzt, und passenderweise durch das Verb «stricken» (*zhī* 织) ergänzt. Vorsicht ist besonders im Frühling auf Chinas Straßen geboten. Da packen die Mädchen nämlich ihre Miniröcke aus, wörtlich «Röcke, die dich verwirren» (*mí nǐ qún* 迷你裙).

So kann sich das Chinesische, das uns auf den ersten Blick so hermetisch erscheint, mit Leichtigkeit und Witz Fremdes sprachlich aneignen.

hēi lóng jiāng
1. 黑龙江

jí lín
2. 吉林

liáo níng
3. 辽宁

hé běi
4. 河北

hé nán
5. 河南

shāndōng
6. 山东

shān xī
7. 山西

jiāng sū
8. 江苏

ān huī
9. 安徽

hú nán
10. 湖南

hú běi
11. 湖北

zhè jiāng
12. 浙江

jiāng xī
13. 江西

fú jiàn
14. 福建

guǎngdōng
15. 广东

guì zhōu
17. 贵州

yún nán
18. 云南

sì chuān
19. 四川

shǎn xī
20. 陕西

gān sù
21. 甘肃

qīng hǎi
22. 青海

nèi měng gǔ
23. 内蒙古

guǎng xī
24. 广西

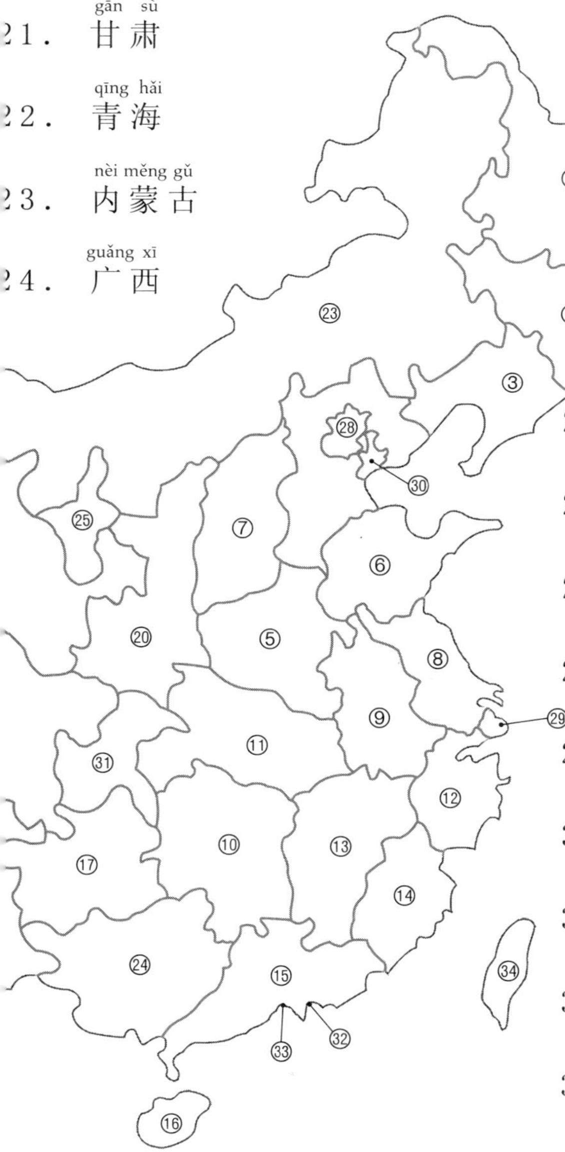

níng xià
25. 宁夏

xīn jiāng
26. 新疆

xī zàng
27. 西藏

běi jīng
28. 北京

shàng hǎi
29. 上海

tiān jīn
30. 天津

chóngqìng
31. 重庆

xiānggǎng
32. 香港

ào mén
33. 澳门

tái wān
34. 台湾

Pīnyīn – die lateinische Umschrift der chinesischen Sprache

Alle verwendeten Vergleiche mit deutschen Lauten oder Lauten aus anderen europäischen Sprachen sind lediglich Annäherungswerte an die chinesische Aussprache.

Anlaute

b	wie im Deutschen
p	wie im Deutschen
m	wie im Deutschen
f	wie im Deutschen
d	nicht stimmhaft
t	wie im Deutschen
n	wie im Deutschen
l	wie im Deutschen
g	nicht stimmhaft
k	wie im Deutschen
h	wie a**ch**
j	wie **dj**
q	wie **tj**a
x	wie **hs** oder durch die Zähne pfeifen
zh	wie **Dsch**ungel
ch	wie Deu**tsch**
sh	wie **sch**on
r	Laut zwischen frz. **j**our und engl. **r**ight
z	wie engl. rea**ds**
c	wie **Z**eh
s	scharfer s-Laut wie engl. **s**ong

Auslaute

Einfache Auslaute		**Zusammengesetzte Auslaute**		**Nasale zusammengesetzte Auslaute**	
a	wie in M**a**gen	ai	wie M**ai**	an	wie m**an**
		ao	wie Ch**ao**s	ang	wie l**ang**
o	etwa wie in P**o**st, mit vorangehendem u	ou	wie engl. l**ow**	ong	wie Acht**ung**
e	etwa wie in Lini**e**	ei	wie engl. m**ay**	en	wie Haf**en**
				eng	wie [əŋ]
i	wie L**ie**be	ia	wie **ja**gen	ian	wie Amb**ien**te
		ie	wie L**iai**son	in	wie b**in**
		iao	wie **jau**len	iang	wie engl. **young**
		iou	wie engl. **yo**ke	ing	wie R**ing**
				iong	wie **jung**
u	wie g**u**t	ua	wie engl. **wa**ft	uan	wie spanisch **Juan**
		uo	wie engl. **wo**rry	uen	etwa wie engl. **when**
		uai	wie engl. **wi**fe	uang	u wie M**u**se, ang wie l**ang**
		uei	wie engl. **way**	ueng	nicht wie u + eng; e siehe « eng »
ü	wie m**ü**de	üe	etwa wie ü in M**ü**he + e wie in m**e**ckern	üan	wie ü + r**enn**en

mù lù
目录 Inhaltsverzeichnis

Bitte fordern Sie unseren Prospekt an unter
zweisprachig@dtv.de oder besuchen Sie uns im Internet
unter www.dtv.de
Deutscher Taschenbuch Verlag
Friedrichstraße 1a
80801 München